JN335370

つらかんべぇ

生きる力がわく珠玉の言葉

はじめに

―温かい言葉に包まれて成長する―


二一世紀は「心の時代」と叫ばれています。

今や学歴至上主義から「優しさとたくましさを兼ね備えた人間性重視の時代」へと移行しつつあります。

今日のような時代を生きていくには、「想像力、不屈の魂、心のオアシス……など」が求められています。

こうした時代の流れのなかにあって、勇気・元気・希望がわき、心を癒してくれる言葉が、一つでも見つかれば幸いです。

「先人の残した言葉」「己の体験からわき出た言葉」によって厳しい時代の波を乗り越え、そこからさらに、新しい生き方を発見することができれば、このうえないよろこびです。

はじめに

私は少年時代、東京大空襲で戦災に遭い、家族・家屋・家財すべてをうしなってしまいました。それでも、今日まで荒波の半生を乗り越えてこられたのは、巡り会えた人びとからいただいた温かい言葉を大切にし、内奥で醸成し、心の糧として抱えてきたからだと思っています。人びとの言葉は、私の心を耀かせ、勇気・元気・夢……がわいてくる礎でもあったのです、まさに、「言葉は命なり／道なり／光なり」です。

例えば、「がんばれよ」と、相手は気張ることもなく、一瞬の雰囲気のなかから、何気なく発した言葉であったかもしれませんが、私にとっては何ものにも代えがたい「希望の言葉」となって、心のひだに沁み込んでいったのでした。また、読書や観劇などの間接体験をとおして、そこから「珠玉の言葉」を発見したこともありました。さらに、今日でも、私たちを励ましてくれたり、考えさせてくれたりする「宝石の言葉」に出合います。

ここに、私自身が出会った人びとからもらった言葉、本の中から発見した言葉をいくつか取り上げ、その言葉の奥に潜んでいる真実をエッセイ風にまとめあげてみました。

漆原智良

もくじ

◇第一部◇　一九四五年三・一〇福島に、二〇一一年三・一一東京にいた私が勇気をもらった言葉

至誠・忍耐　―野口英世―　13
おたがいに、がんばろうな　―父の言葉―　19
街はすぐ生き返る、負けるなよ！　―近所のおじさんの言葉―　23
つらかんべぇ　―横松仁平―　29
なにくそ！　―壺井栄―　35
なぎるまで、焦るな！　―八丈小島の島民の声―　39
水は三回使える　―妻の言葉―　45

◇第二部◇　一九四五年三・一〇から二〇一一年三・一一の間に私が

読書で得た珠玉の言葉

ほしいもの　冬の炉ばたの暖かさ　もうひとつ　人の心の温かさ　―浜田広介― …… 57
強くやさしく男の子　やさしく強く女の子　―浜田広介― …… 61
辞書が悪い！　―夏目漱石― …… 65
己に克て　―井上靖― …… 69
私は世界の人類のために働きます　―アンネ・フランク― …… 73
旅と経験は来るのを待つな　進んで求めよ　―サマセット・モーム― …… 79
おとぎ話＝夢と希望をもって生きなさい　―アンデルセン― …… 83
愛するとは、同じ方角をみつめること　―サン・テグジュペリ― …… 87
漢字にも心がある　―杉本深由起― …… 91
くじけないで！　―柴田トヨ― …… 95

◇第三部◇

三・一一東日本大震災以降
みなさんに考えてみてほしい言葉

誰でも何か能力をもっている　―宮城まり子― …… 105
失敗してもいいじゃないか　―林家正蔵― …… 109
夢は実現させるもの　―林修治（羽村市動物公園園長）― …… 113
夢を追い求めよ　―植村直己― …… 117
友情の価値は、両方が独立性を傷つけずにつきあえるという点にあるのだ　―武者小路実篤― …… 121
人と人は、助けあって生きている　―山元加津子― …… 127
まぁ、気にすんな　―ひしいのりこ― …… 131
すばやく出す、それが江戸前だ　―六代目越後屋助七― …… 135

あとがき …… 140

第一部

勇気をもらった言葉

一九四五年三・一〇福島に、二〇一一年三・一一東京にいた私が

◇第一部プロローグ

果てしなく続く瓦礫の山。破壊された道端にたたずむひとりの少年。親の帰りを待っているのでしょうか。その苦渋に満ちた顔に向かってテレビカメラは情け容赦なくアップで迫っていきます。その光景には心の痛みを覚えずにはいられません。

東日本大震災は、多くの人びとの尊い生命を奪いました。まして、両親を亡くした子どもたちの悲しみはいかばかりか、はかり知ることができません。

「どうか、明るく、前向きに、たくましく生きておくれ」

心の中で叫びつづけました。

両親を失い「震災孤児」となった子どもたちの心の奥に澱む悲しみ。これからの人生に横たわるであろう幾多の困難。海を見つめる少年の歩みを想像するとき、胸の痛みを抑えきることができません。

なぜなら私も、太平洋戦争で日本が敗れた直後、東京の焼け野原に呆然とたたずんだ少年のひとりだったからです。

東京大空襲で家族は行方不明、家屋は跡形もありませんでした。当時の焼け跡の光景が、今日の東日本大震災の瓦礫の山と重なり、切ない思い出が蘇ってきました。さらに、私が「戦災孤児」という烙印を押されて歩んだ半生の糸を手繰り寄せ

たとき、いま画面に映し出されている震災孤児が体験するかもしれない辛苦心労を、我がこととして容易に理解することができたからです。

本書にも織り込みましたが、私の戦後は祖父母による養育、中学校中退、商家奉公、定時制高校、夜間大学、孤島の教師……まさに荒波にもまれる哀歓の半生でした。くじけそうになったことも多くありました。そんなとき、私を支えてくれたのは優しい人びとの温もりある言葉、力強い言葉でした。

戦時中、疎開先の猪苗代国民学校に掲げられていた校訓、野口英世の言葉「至誠・忍耐」（これは「我慢しなければならない」という意味ではありません。詳しくは本文をご覧ください）。戦後

の焼け跡で肩を叩かれた「負けるなよ！」。そして、「つらかんべぇ」「なにくそ！」など、ぬくもりある、力強い言葉に励まされました。

ふとくじけそうになったとき、こうした言葉が記憶の底からフツフツと湧き出し、心の奥で叫び続けていると、いつしか自分で自分を励ましながら、前向きに歩を進めていることに気づきました。

まず、第一部では、私が「勇気をもらった言葉」をいくつか取り上げます。

至誠・忍耐

―野口英世―

私たちが手にしている今の千円札には、野口英世の顔が印刷されています。野口英世は苦学の末に、「医術開業試験」に合格し、伝染病の研究を始めました。その後、アメリカに渡り、「梅毒スピロヘータの研究」で博士号を取得し、世界的に有名になりました。また、黄熱病の研究にも取り組みましたが、自らが黄熱病にかかり、志半ばにして亡くなってしまいました。

「**至誠・忍耐**」は、野口英世が、母校である福島県猪苗代小学校の子どもたちに贈った言葉です。

「至誠」＝まじめに。まごころの意。人には誠実に接することが大切なのだ。

「忍耐」＝耐えしのぶことの意。我慢をすれば必ず花が咲く。

昭和十六年十二月にはじまった太平洋戦争は、二年後には日本の形勢が次第に不利となり、やがて、本土への空襲が一段と激しくなってきました。当時、東京の浅草に住み、国民学校（今の小学校）の五年生だった私は、父の生家である猪苗代町の祖母のもとに縁故疎開し、猪苗代国民学校に転入することになりました。

猪苗代国民学校の校訓（学校の大目標）は「至誠・忍耐」でした。

講堂には、野口英世自らが堂々と書いた大きな文字の額が左右に掲げられていました。

学童たちは毎朝大声をあげて、

「**至誠・忍耐**」と、叫ばされたものでした。

私の心のひだには、いつしかこの四文字が沁みこんでいきました。

――本校は、野口英世先生の出身校だ。誇りをもって、お前らも勉学に励むんだぞ。

と、先生方は折あるごとに言われました。

――英世先生は一里半（約六キロ）の道を毎朝歩いて通ったんじゃ。少しぐらいの雪道にへこたれるな。

と、祖母の声。

しかし、私は疎開生活に耐えきれませんでした。

食料不足を補うための集団でのいなご捕り、モッコをかかえての馬糞集め、農作業を手伝うための教室での縄ない作業など、私はいつも班の仲間の足を引っぱっていました。班員は共同責任です。規定量に達しなかった罰としての校庭十周。そこからくるイジメ。

私は「浅草の友だちが集団生活している松島に行きたい」と、父に手紙を書きました。父は心配して、東京からとんできてくれました。

「集団疎開というものは、智良が思っているような甘いものではない。あまり大きな声では言えないが、近所の人の話によると、子どもたちは毎日洗濯もできないで、シラミに泣かされているそうだ。それに、食べるものも少ない。栄養失調になっている子も多いそうだ。それでも、みんなオクニノタメに我慢している。智良も早く猪苗代の良いところを見つけて、我慢することだ……。校訓は今でも、野口先生の『至誠・忍耐』だろう？」

五年生当時の私にとっての「忍耐」とは、「オクニのために我慢すること。それが、少国民としての正しい姿なのだろう」と、漠然と思いこまされていただけでした。

父は、私を励まして東京へ戻っていきました。

雪がとけても、父からの連絡はありませんでした。

しばらくすると、深川に住んでいた叔父から、父と義祖母は行方不明、家屋も焼失し、跡形もないとの知らせが届きました。

硫黄島が玉砕すると、本土への空襲は一段と激しさを増し、日本の食料はほとんどなくなりかけていました。国からの食料の配給も乏しくなり、自分たちが口にするものは、自分たちの手で工面しなければならなくなってきました。

学校が休みの日は、祖母といっしょに、磐梯山や近くの小川へ食料を探しに出かけました。ワラビ、ゼンマイ、ドジョウ、カワエビ、ヘビ、カエル、オオバコ……口にできるものならなんでも、自然のなかにいる生き物から雑草にまで手をのばしました。

「オクニノタメに……今こそ耐えるときだ」

学校では先生方が、毎朝同じような言葉を繰り返しました。だが、食料の乏しさに耐える生活は長くつづくものではありません。

沖縄の日本軍玉砕、広島・長崎への原爆投下……。そして、日本は戦争に負けました。昭和二十年八月十五日、終戦の詔勅がくだりました。

しかし、戦災孤児となってしまった私にとって、その日こそ「人生の戦争がはじまった日」でもあったのです。

敗戦をさかいにして、周囲の様子が一変しました。

先生方からは、私たちを震えあがらせた恐ろしい顔つきやゲンコツがいつのまにか消え去っていきました。地元の仲間たちからは、疎開学童に対するイジメがなくなりました。

戦時中の「忍耐＝我慢」は、「ただオクニのために尽くすため」の我慢であったのです。

しかし戦後には、私の心の中に沁みこんでいた「**至誠・忍耐**」は、「自分が生きるために、また、相手を傷つけないために、どのようにこらえるか、そして、どのような決断をくだすことが正しいのかを、判断することだ」と、子どもなりに考えるようになりました。

戦後、商家奉公へ出た私が、途中で何度も転職したのも、「我慢に対する正しい認識を体験から学び、判断することができたからだ」と思っています。

その後、教師になったときも、悪童に対して「どこまでがいたずらの行為なのかを見極め、見逃していいのか」を判断できたのも、小学生時代の「至誠・忍耐」が心のひだに沁み込んでいたからです。つまり、「どこで、どう耐えるか、その見極める力」こそが、真の忍耐の判断だと思っています。

おたがいに、がんばろうな

—父の言葉—

私に生きる力がわく言葉をかけてくれた父と。

これは、「東京の地図」を開いては、「この街も焼けてしまった」と背を丸め、街を確かめるようにして赤鉛筆で塗りつぶしていた、私の父の言葉です。地図は、またたくまに赤い水玉模様に変わっていきました。その父には、「赤い雪はふらせない」という信念がありました。

昭和二十年二月下旬のことでした。私が猪苗代町での疎開生活に耐えられず、悩んでいることを知った父が、心配してとんできてくれたときのことです。

「東京は空襲下の状態にあるのだ。毎日のように敵機が来て焼夷弾を落としていく……。警戒警報のサイレンが鳴るたびに、避難の準備をしなければならない。それに比べたら、猪苗代の農作業ぐらいなんでもない……。東京の赤い雪（焼夷弾のこと）は人の命を奪ったり、家を焼いたりするが、福島の雪はまっ白で、ただ冷たいだけじゃないか。いつかは溶けてしまう……。日本軍の本土決戦も、もうすぐだ。戦争に勝つ日まで、がんばろう」

父の大きな掌が、私の頭を包みました。

父が、東京へ帰る日は猛吹雪でした。

私は、父を駅まで送りました。

猪苗代駅は、街の中心部から半里（約二キロ）ほどの距離にあります。

私は、父のあとにつづきました。

父は背中を丸め、軍帽を深くかぶり、頭を左右にふって雪をよけていきます。父の長ぐつの足跡ができると、次の瞬間、私のわらぐつはその足跡にすいこまれていきました。

キュ、キュ、キュ……

やわらかな雪と、わらぐつがきしみあう心地よい音が、足の下からとび出してきます。

「白い雪はいいよなあ……」

父は、同じ言葉を何度もつぶやいています。

列車は、吹雪のために遅れていました。

(雪で列車が運休になれば、もっと父といっしょにいられる)

私は、待合室の時計を眺めながら、そんなことを思っていました。

二十分ほど遅れた列車は、私の願いを引き裂くようにホームにすべりこんできました。

車輪のきしむ音が、うす暗くなりかけたホームをかけぬけて止まりました。

「じゃあ、体に気をつけて。また来るから……」

父は私の肩を軽く叩いて列車に乗り込むと、手を挙げ、すぐに空いている座席を探すために車両の奥へと向かっていきました。

私は腰をかがめ、車両内で席を探す父の姿を追うように車窓を覗き込みながら、雪の積もったホームを小走りに進みました。

父は座席を決めると、車窓にハアッと息を吹きかけ、指先でこすりはじめました。円形に磨かれた車窓に、父のおだやかな顔がくっきりと映しだされました。

私は、足をそろえて直立不動の姿勢をとりました。そして、つぎの瞬間、防空頭巾の上から右眉あたりに指をそろえた手を当てて、父に敬礼しました。すると、父も軍帽をかぶりなおし、真剣な顔つきで返礼してきました。でも、お互いのきびしい顔つきはひと呼吸のうちに消えました。

次の瞬間、父の顔がくずれ、白い歯が光りました。こぼれた笑顔の奥には、「**おたがいに、がんばろうな**」という、無言の言葉が流れていたのです。私の顔にも、思わず笑みが広がりました。

戦後六十数年、車窓を隔てた父の無言の笑顔から受けた「**おたがいに、がんばろうな**」という言葉と、「人に笑顔で優しく接する」という行為だけは、両手でしっかりと抱えて歩みつづけてきたつもりです。

街は
すぐ生き返る、
負けるなよ！

―近所のおじさんの言葉―

一年三か月ぶりの帰京。近所に住んでいた花屋のおじさんの一声に励まされました。気風のいい、おじさんの江戸っ子べらんめえ口調が詰まり、目頭に涙が滲んでいました。

昭和二十年九月。どこまでもつづく青い空。まっ黒に焼けただれたコンクリートの固まりや、倒れた電柱が片づけられないままになっていました。

上野駅に降り立った六年生の私は、リュックサックを確かめるように担ぎなおし、カーキ色の国防色の上着を脱ぎ、シャツ一枚になって浅草の方角に向かって歩きだしました。

すでに、疎開先から帰ってきた人びとは、家の焼け跡の四方に焦げた木材を立てかけ、その周囲をトタン板で囲って住んでいました。焼け跡から探してきたのか、トタン板が倒れないように重い防火用水で支えられ、その前には、なべ、かま、便器などが散らばっていました。屋根には石がいくつも置かれ、燃料にするために集められた樹木が数十センチほどの長さに切られて並べてありました。

焼けた土のすき間から夏草が顔をのぞかせていました。その生命力のたくましさに驚きながら、私は黙々と歩みつづけました。

国際劇場があった国際通り、ひさご通りの焼け跡を過ぎ、言問通りを横断すると、そこは千束通りです。といっても、今はそこもただの焼け野原。

「家が近づいた！」と思った瞬間に、なぜか不安が襲ってきました。一年三か月ぶりの帰京。「わが家が見たい。そこから父の消息がつかめれば……」と、あれほど意気込んでやってきたのに、一方では、父の消息をはっきりと知ることがだんだんとこわくなってきたのでした。いつの間にか、わが家の焼け跡の前にたたずんでいました。と、ふいに肩を叩かれました。一瞬、体がふるえました。

「トモちゃんじゃないか？」

おそるおそるふり向きながら見上げると、そこに立っていたのは、近所に住んでいた花屋のおじさんでした。

「あっ、おじさん……」

ホッと安心しました。

「東京へもどっていたのかい？」

「ううん。父さんを探しにきただけ……」

「それじゃあ、今、どこにいるんだい。正夫さん（父）は、わからないのかい？」

「福島」

ぼくはポツリといって、首をふりました。

「じゃぁ、何かい、いま福島から出てきたのかい。大変だったなぁ」

私が黙っていると、おじさんは、「やっぱり……」と弱々しい声でつぶやきました。

「あの夜の空襲はすさまじかった。わしらが家をとび出したときには、あたりは火の海だった。漆原さんの家をのぞいたら、まだ正夫さんとおばあちゃんがいたんだよ」

「お父さんを見たの？」

「ああ。通りからだけど、姿を見たんだ。ただ、『早く避難しましょう』と声をかけただけなんだ。それっきりだ。わしらは鶯谷から日暮里の方へ逃げていって助かったんだ」

「そっちへ逃げればよかったんだね」

「そういえば、トモちゃんの一級上の六年生たちは、卒業式が近いといって、三月八日に集団疎開先から帰ってきてたのさ。ところが、その翌日がこのザマだろう。かわいそうなことをしたもんだなあ……」

ぼくは、焼け跡の灰をリュックにねじ込むと、ゆっくりと立ち上がりました。

「**街はすぐ生き返る、負けるなよ！**」

おじさんは、両手で私の肩を強くゆさぶりました。

敗戦後、日本人の多くは、それまでせき止められていた水が一気に放水されたかのように、よじれ合い、もがき合いながら大洋へと向かって流れ出していきました。人びとは、餓死しないで生きるために、他人を押しのけ、「食うために」「儲けるために」と、欲望丸出しで、自分たちの道を手探りで模索していったのです。

幼い子どもや弱者は、つねに社会の片すみに追いやられ、ときには雑草の上に、ときには岩場に叩きつけられながら生きていかなければなりませんでした。

いっぽう、「日本復興への力」にもすさまじいものがありました。「無から出発する力ほど強いものはない」といわれるように、花屋のおじさんの「**街はすぐ生き返る**」の言葉は数年後には、現実的なものとなっていったのです。

混乱期のヤミ市は消え、ビルや家が立ち並び、街には人があふれるようになりました。そこには、日本人特有の「立ち上がろう」という強い精神力が流れていたにほかならないと、今でも思っています。

つらかんべぇ

―横松仁平―

「つらかんべぇ」「裏の部屋で和夫と遊んでいたらよかっぺ」と、横松仁平さんは、いつも私に優しく言葉をかけてくれました。二三歳のとき、満州から引き揚げた横松さんは、宇都宮の駅前でモーターやトランスを再生させる電機店を営んでいました。私は、横松仁平さんに救われましたが、戦後の景気の回復と共に電機店は倒産してしまいました。

太平洋戦争中、昭和二十年三月十日未明の東京大空襲で家族は戦災死。私は戦災孤児となってしまいました。

終戦後は、栃木県に疎開していた母方の祖父母に引き取られ養育されることになりました。ところが、戦後の混乱とインフレで、生活はまたたくまに困窮を極めることになりました。

「自分が働けば、ひとり分の口減らしになる」

一九四七（昭和二十二）年、私は中学校を二年の二学期で中退して、宇都宮市内のノコギリ店に商家奉公に出ました。ところが、鋼鉄を槌で叩く仕事は、三か月ともちませんでした。

次はゲタ店へ。ここでも、連日太い桐の樹を切る労働がつづきません。

私は十四歳になっていました。三軒目は、栃木県宇都宮市駅前大通りに面した横松電機店でした。「東京の戦災孤児が職がなくて困っている」ということを耳にして、主人の横松仁平さんが「もし、よければうちで使ってあげよう」と駆けつけてきてくれたのです。

私の仕事はモーターの再生です。横松さんが東京で安く買ってきた戦災で焼けたモーターのサビを落とし、コイルを巻き、それをN極・S極に取りつけます。そこにペンキを塗り、再生品として近隣の農家に売るのです。従業員はYさんという技術者がたったひとりいるだけでした。

「まあ、焦らずに、ゆっくりとやればいい。疲れたときはお使いにでも行って、街の中をぶらりとまわってきたらよかっぺ」

横松仁平さんは、少年の私を気遣い、優しく声をかけてくれたのでした。

午後三時頃になると、中学校の同級生が数名で店の前にやって来て、ガラス戸越しに私をジロジロと見つめ冷やかしていくのです。

「漆原、学校へ来ないで電線巻いてっぜ。面白いから見ていくべぇ」

仁平さんは、私の心中を察して、こう言ってくれたのです。

「漆原くん、**つらかんべぇ**。かれらを追っ払うのはわけないさ。でも力で追うと、またやってくる。それよりも奥の部屋で和夫と遊んでいたらよかっぺ」

私は奥の部屋に行って、横松さんの一歳になって間もない息子さんの和夫ちゃんに本を読んであげながら、同級生が立ち去るのを待ったのでした。

その後、私は高校・大学と夜間の学校に通い、東京都の教員採用試験に合格することができました。

中学校の教師になった私は、児童・生徒と向かい合うとき、つねに「**つらかんべぇ**」と、相手の気持ちを探りながら生活相談にのることを第一に心がけました。

電機店の六畳ほどの狭い作業場に時おりやってきて、修理道具が散乱し重油や石油が染み込んだ赤茶けた床の上を足を滑らせながらよちよちと歩き、私の汚れた作業着にしがみついてきた和夫ちゃんは、その後、「横だと寝ているようだから立てたい。父と共に歩みたいので平にしたい」といって、「立松和平」というペンネームで純文学作品を書くようになりました。

30年の歳月が流れ、お互いの家族を伴い、横松仁平さん（前列左）と再会。その隣が私、私の後ろが立松和平氏。

立松和平氏（左）とのトークショー。あの和夫ちゃんとトークショーをすることになろうとは、当時は夢にも思わなかった。

「つらかんべぇ」とは、北関東地方の方言で、「さぞ、つらいことだろうなあ」という意味で、相手に同情するときなどに使われる言葉です。

同情とは、相手の立場になって、相手の苦しみを共有し、自分のもっている知恵で包み込み相談に乗ってあげるなど、相手に理解を示してあげることだと、私は思っています。

今日でこそテレビなどの普及によって、「〜だべぇ」という言葉はあまり耳にすることはなくなりました。しかし、私の心の底に澱む「つらかんべぇ」という六文字は、今でも珠玉の言葉として宝石のように輝き、生きる力の礎ともなっているのです。

なにくそ！

―壺井栄―

「十年をひと昔というならば、この物語は、今からふた昔半もまえのことになる……」

これは、有名な『二十四の瞳』（壺井栄）の書き出しです。私は、この作品を読み、映画を観て、「自分も孤島の教師になり、大石先生のように子どもたちと哀歓を共にしたい」と触発されました。そして、大石先生のような教師になりたいと願ったのです。

「大石先生のような、島の先生になりたい」

当時私は十八歳で、定時制高校の生徒でした。教師になるには大学へ進学し、教職課程を取得しなければなりません。そこで、私は壺井栄（一九〇〇～一九七六年）について調べました。

彼女は小豆島に生まれ育ち、その島を舞台に数多くの作品を生み出していきました。本格的に小説を書き始めたのは、三十歳を過ぎてからでした。

栄の人生は、けっして平坦なものではありませんでした。栄は十人兄妹の六番目。彼女が五年生のときに、樽職人であった父の商売が失敗し、子守りに出されてしまいました。栄より年上の兄姉は、みな他家へもらわれていったり、お嫁にいったりしてしまったのです。しかし、栄はいくら貧しくとも、いじけたり、くじけたりすることなく、誠実にまっすぐに、自分の道を歩んでいったのです。

栄は「俗っぽいが、私は『**なにくそ**』という言葉が好きだ」と、友だちに語っています。苦難の人生をいつも、「なにくそ」という思いで乗り越えていったのです。

栄の作品『坂道』の中に、大八車を引いていく場面があります。

かも知れません。

「なんだ坂」「こんな坂」
「なんださか」「こんなさか」
このかけ声こそ、明日の生活を開拓していこうとする、己への励ましの言葉であったのかも知れません。

私は二十二歳で高校を卒業すると、翌年夜間大学へと進み、教員免許を取得しました。赴任希望先は、東京都心から南へ三百キロ離れた八丈小島。島には電気も、水道もありません。商店もなく、医者もいません。戦火でドン底に落とされた私は「日本の未来を背負うのは子どもだ。一番つらい生活をしている離れ小島の子と生活したい」と考えていたからです。

物語「二十四の瞳」の主人公、やはり新卒の大石久子先生は、新品の自転車でさっそうと通勤し、子どもたちに声をかけながら分教場の第一歩を踏みしめます。

ところが、現実の世界は、物語とはほど遠いものでした。八丈小島には港がありません。八丈島から漁船に乗って六キロほど黒潮おどる大洋を乗り越えなければなりません。

八丈小島の島民がミナトと呼ぶところは、岩場にセメントを流し込んだ島の突端に過ぎませんでした。

「波が来たときに、船がぐっと上がるからのう。そのとき岩場にタイヤを着けた船の先端部分を当てるから、タイミングよく飛び降りやれ（とびおりろよ）。三秒くらいは船は止まるんて、気をつけておりやれよい」

二十五人の島の子どもたちが岩場に出迎えにきました。

船が岩場に当たったとき、私は左足を出しましたが、右足がふるえて動きません。

「あぶない！」

船長の声に驚いて足が引っ込む。波といっしょに船が下がる。次の波でふたたび岩場へ。今度は右足を先に出しました。また失敗。子どもたちが笑っています。

「なにくそ！」

三度目は、かけ声と同時に岩場に飛び降りることができました。

私の孤島生活は「なにくそ！」の第一声からはじまったのでした。

島のミナト。子どもの姿も見える。

なぎるまで、焦るな！

―八丈小島の島民の声―

「なぎるまで、焦るな」

このおおらかな言葉は、私たちの日常生活全般にわたって、「もし危険を感じたり、都合が悪くなったら、焦らず、慌てず、熟慮のうえ中止の決断をくだしなさい」ということを、さりげなく警告してくれた、八丈小島の島民たちの言葉です。

日本では遠い昔から、体験を通して得た知恵のなかから、数多くのすぐれたことわざが生まれてきました。

「待てば海路の日和あり」も、そのなかの一つです。

これは「じっと我慢して待ちなさい。条件が悪いときに動かなくても、必ずいつかよい日がやってきますよ」という意味です。

まだ、今日のように鉄道が発達していない時代、物資の輸送はおもに海上中心で、帆船でおこなっていました。もし、強風が吹いて海が荒れ、波が高くなれば、船は小さな港町に幾日も足止めされてしまいます。

もし、そんなとき、日程にせかされ無理をして船出をすれば、その先には漂流、座礁などの危険が待ち受けているかもしれません。

私が教師として初めて赴任した学校は、黒潮流れる大洋のまっただなかにある絶海の孤島・八丈小島でした。

島民は、暗いランプ、樋からためた雨水を頼りに生活をしていました。商店もなければ、医者もいませんでした。月四回、本島の八丈島からわずか五トンという小さな定期船がやってくるだけでした。

島民の生活必需品や食料品などは、事前に学校の無線電話で、本島の商店に注文しておき、定期船が来島する日に積み込んでもらうのです。

しかし、定期船の来島日が決まっていても、その日の波が高ければ、中止を余儀なくされてしまいます。とくに真冬などは西風が強く、月に一回しか船が来ないこともありました。

小島には港がありません。船着場は岩場にセメントを流し込んだ島の突端にす

定期船で運ばれてきた物資を、リレー式で渡していく。

ぎません。ですから、大きな船は寄せられません。また、五トンの小船では黒潮の激流を乗りきることもできません。

「自然には逆らうことはできない。そのうちに、なぎることじゃろう。**なぎるまで、焦るな！**」

島民はいつもおおらかに生活を営み、おだやかな顔で海上を眺めていたのでした。

島の生活に溶け込み、島民のおおらかさになじむうち、「文房具が不足。米も切れた……」と焦る自分が恥ずかしくなりました。

海が荒れ、定期船が着けられないこともあった。

大自然の前では、人間は小さな存在です。

大自然には逆らわず、祈りをささげ、波が穏やかになるのをじっと待っていればよいのです。

　現代はあまりにも慌しくなり、登山などでも決めた日程通りに消化しようと、無理に出発。その結果、大自然の力に圧倒されて遭難したという悲しいニュースが後を絶ちません。また、強風で電車が止まったりすると、いきり立った顔で駅員に詰め寄り、なかには暴力をふるう人間まで現われてきました。

「自然に逆らう者は、自然に倒される」

ということを、心せねばなりません。

　ある日耳にした、孤島の長老の言葉が強く印象に残っています。

「何年か前のことだが、波浪二メートル

定期船からおろした荷物を運びあげていく島民たち。

ということで、本島まで船を出した。だが、帰りは風向きが急に変わり、波も四メートルをこえた。船は海流に木の葉のようにもまれて、生きた心地がしなかった。波は情け容赦なく船に襲いかかってきた。判断が甘かったと思ったときは、もう遅かった。プロパンガス、米、石油など重い荷物を全部海に投げ捨てて、命からがら小島に帰ってきた。いやあ、あのときは、もう死ぬ、ダメだと思った……」

長老の溜息から、「自然の恐怖に想定値というものはない」ということに気づかされたのでした。

水は三回使える

——妻の言葉——

私は八丈小島に赴任した翌年に結婚しました。東京育ちの妻は、水不足に苦労し、山の水の溜まり場まで洗濯にいったり、水の使い方などに苦労しました。育児中にはミルクの哺乳びんを蒸しなべに入れて消毒していたら、哺乳びんが溶けてしまったことがありました。そんな経験をしながら、妻は、雨水の使い方の知恵を私に教えてくれたのです。

孤島時代の話の続きです。

「雨が降らないので、本日より当分の間、水の配給をひとり一斗五升（約二七リットル）に制限いたします。地区長」

八丈小島の小・中学校の脇にある、セメントでつくられた共同雨水貯水タンクの蛇口の上に、「水の使用制限」の紙が貼り出されました。

学校は島一番大きい屋根のある建物なので、雨が降らないときなどの緊急時には、百余人の島民の水を幾日分か確保できる余裕があるのです。

その年は、八月に入ってからというもの、雨が一滴も降りませんでした。

水を溜めてあるドラム缶をのぞく島の子どもたち。

台風がやってきて島の石垣を壊していくこともありましたが、その置き土産に「雨水」を残していってくれました。ところが、その台風もやってこないので、島の水不足がますます深刻になってきました。

かつては、学校の共同雨水貯水タンクの水も枯れてしまい、八丈本島から定期船で運んでもらった水を、ミナトから山の中腹にある集落まで、全島民で担いで運んだこともあったといいます。

各家庭の小さな屋根から樋を通して溜める水では限界があります。幾日か雨が降らないと、飲料水も尽きてしまいます。

校庭で遊ぶ島の子どもたち。左はしに、共同雨水貯水タンクがある。

私の家のドラム缶に溜めてある水も底が見えてきました。水は褐色に変化しはじめ、水面にはほこりが浮き、ボウフラだけが右往左往しているのです。このドラム缶から水を汲むときには、丸太ん棒でドラム缶の縁を叩き、ボウフラが驚いて下に逃げた瞬間に、サッと表面の水をすくうのです。

雨が降らなくなると、山の中腹の、溜まり水のある六畳ほどの小さな池まで洗濯に向かいます。でも、この年には、この小さな池も、異臭が鼻を突き、茶褐色に濁っていました。

「共同タンクの水がひとり一斗五升の配給だとすると、わが家ではバケツ三杯分しか使えないわね」

妻は眉をしかめ、水をどのように使おうかと、思案にくれていました。

「家のバケツ三個に、一度に汲んでおいて、その使い方を工夫したらどうだろう」

私の提案に妻もうなずきました。

「そうね、私もそれを考えていたの」

妻の前に置かれたメモ用紙は何か所も消されて、しだいに汚れていきます。

三杯の水で一日を暮らすのには、かなりの苦労がつきまとうものです。

三十分ほどかけて、私たちは何とか水の使用法を考え出しました。

飲料水は一回限りであるから別として、あとのバケツ二杯の水をどのように使ったらよいか、頭をひねりました。

Aバケツ＝飲料水のみ。

Bバケツ＝米とぎ→食器洗い→そうじ用。

Cバケツ＝行水→洗濯のすすぎ→庭そうじ。

水の使用法が決まりました。

「工夫すれば、**水は三回使える**のね」

妻は溜息をついたあと、にっこりと笑いました。

その年、島民は残り少ない天水を大事に使いながら、水不足の危機を乗り越えました。

雨水貯水タンクの水がついに枯れはじめたとき、大きな台風がやってきて、水不足を解消してくれたのでした。

この年ほど、「水一滴の尊さ」を実感したことはありませんでした。

第二部

読書で得た珠玉の言葉

一九四五年三・一〇から二〇一一年三・一一の間に私が

◇第二部プロローグ

「本を読むという間接体験を通して、感性の芽は育まれていく」

これは、幼児期からの読書体験を通して、私の内面から生まれ出た考えです。

私は東京・浅草に生まれました。一九三九（昭和十四）年、浅草の観音様に向かう仲見世通りに面した浅草寺幼稚園に入園しました。

幼稚園では、毎月「キンダーブック」という大型絵本をくださいました。私を幼稚園に迎えにくる母は、帰り道、毎週一度は本屋に立ち寄っては「子どもの本」を求め、夜には必ず読み聞かせをしてくれました。いつしか、私は本のとりこになっ

この門をくぐった先の、仲見世通りに面して浅草寺幼稚園がある。

てしまいました。

ところが、国民学校二年生の年に太平洋戦争がはじまると、母は毎夜、防空演習に駆り出されるようになりました。四年生になった夏、か細い母は竹やりの演習中に倒れ、看護の甲斐もなく、その一週間後に他界してしまいました。

昭和二十年三月十日の東京大空襲は、父や義祖母、家屋のすべてを奪ってしまいました。戦災孤児となった私に唯一残されたものは、「本から得た、内面に沁み込んだ作家たちの言葉」だけでした。

内面に蓄積された言葉は心の奥底で醸成され、やがて成長すると、一気に湧き出してきたのです。優しく、力強い言葉となって……。

現在の浅草寺幼稚園の前で。

幼年期・少年期にすぐれた作品にふれることは、きわめて意義深いことだと思います。なぜなら、人間の一側面を、選び抜き・研ぎ澄まされた言葉を駆使して鋭くとらえた童話や小説を読むことによって、ふとした経験、ふとした想像のなかに託された人間の哀歓、願望などを感じとることができると、実感しました。

「本を読む」という間接体験を通して、それぞれの作品の主人公と一緒になって躍動したり、登場人物に共感したり、悲しみを覚えたり、反発したりすることによって、「感性の芽」は大きく育ち、やがて大輪の花を咲かせることになると思います。

私が戦後、商家奉公の苦難を乗り越えられたのも、読書によって『路傍の石』の吾一や、『次郎物語』の次郎など、作中の主人公の生き方を引き寄せ、「吾一や次郎は里子に出されたりしてもっと苦労したではないか」「二宮金次郎はもっと勉強したではないか」と、自分自身の境遇と本の主人公を比較しながら歩むことができたからです。

私は本に背中を押されるようにして、定時制高校、夜間大学へと進学しました。

「己に克て」「くじけないで」

これらは、どれも私が本を読んで得た珠玉の言葉です。私は、こうした言葉を発見しては、その後の人生において役立ててきました。

ほしいもの
冬の炉ばたの暖かさ
もうひとつ
人の心の温かさ

―浜田広介―

浜田広介は、山形県の「まほろばの里」とよばれている東置賜郡屋代村（現在高畠町）で生まれました。「炉ばたの暖かさ」と「人の心の温かさ」が欲しいのだよ、と願う広介先生。この言葉の奥には、家族のふれあいとぬくもりを大事にする広介先生自身の〈ヒューマニズム魂〉と、〈人生観〉が漂っています。

雪国・山形。寒いさむい冬。外には雪がシンシンと舞い散っています。野山も、畑も、すっかり白い衣に包まれてしまいました。

春が訪れるのをじっと待ちわびる北国の人びとにとって、チロチロと燃える囲炉裏の火は、生活していくうえで何よりも恋しいものでありました。炉ばたに腰をおろした家族が、囲炉裏に薪を巧みにくべて、目に沁みる煙をさけながら話に興じる姿は、燃えている火のように、温かいものでした。

「ほしいもの
冬の炉ばたの暖かさ
もうひとつ
人の心の温かさ」

童話作家・浜田広介先生が私たちに贈ってくださった珠玉の言葉です。

広介先生は、一八九三（明治二十六）年、山形県蔵王のふもと屋代村（現在高畠町）に生まれました。高畠町は、米沢盆地にあり、東に奥羽山脈、西に飯豊連峰、南に吾妻連峰と、あたりを山に囲まれた、のどかで美しい、まほろばの里です。

屋代小学校を卒業後、広介先生は米沢中学校、早稲田大学へと進み、大学在学中に書いた処女作童話『黄金の稲束』が朝日新聞に一等入選。以後、童話の執筆に全力を傾けていくようになりました。

人間と仲良しになりたいという赤鬼のために、青鬼が犠牲になってあげるという『泣いた赤おに』。くりの木のほらに住むむく鳥の父子のお話『むく鳥の夢』も有名です。母鳥の死を子どもに知らせない父鳥。親子の愛情を描いた美しくも悲しいお話です。ほかにも『りゅうの目のなみだ』『うさぎの兄弟』『五ひきのやもり』『よぶこ鳥』『ある島のきつね』など、「ヒロスケ童話」として親しまれている作品を一千編以上生み出していったのです。

「ヒロスケ童話」の底には、先生の〈温かい心・優しい心・思いやりの心〉が脈打っていて、子どもたち（いや大人も含めて）の心を、ほんのりと包みこんでくれるのです。

「ヒロスケ童話」には、〈誠実・善意・愛情〉をテーマにしたものが多く、それらが詩情豊かで、やさしく、リズミカルな表現によって展開されているところに特徴があるのです。

人間肯定の童話だからこそ、時代を乗り越えて、私たちの胸に迫ってくる普遍性があるのです。

私は三十歳のとき、日本児童文芸家協会の会員となり、児童文学作品を紡ぎ出す仕事に関わるようになりました。そのときの同会の会長が、広介先生でした。

広介先生は、一九七三（昭和四十八）年、八十一歳で天国に旅立たれました。

平成元年、先生のふるさと山形県東置賜郡高畠町に浜田広介記念館が誕生しました。「赤おにさん」の立て札に迎えられて門をくぐると、庭には「りゅうのなみだの池」があります。館内には、スライドボックス、パタパタ絵本、おはなしの木、マジックスクリーン、マルチスライド、メロディの小窓……など、ヒロスケ童話が視聴覚を通して楽しめるようになっています。ここはとても心が安らぐのです。

「りゅうのなみだの池」がある浜田広介記念館。

強くやさしく男の子
やさしく強く女の子

―浜田広介―

「男の子は、強いだけではいけないのだよ。優しい心で多くの人に接しなさい。また、女の子は、優しいだけではだめだよ。強い心で堂々と意見を言いなさい」
浜田広介先生の声が聞こえてくるようです。

前項に続いて、広介先生の珠玉の言葉を紹介します。

「強くやさしく男の子
やさしく強く女の子」

この詩碑は、山形県米沢市の上杉神社の通りに建てられています。

私は、この言葉を引用し、

「良い子のみなさん、男の子も、女の子も、たくましく、そして相手を思いやる心を持って人生を歩んでいきましょうね」

と話すことがあります。

遠い昔、日本が外国と戦争をしていたころ、日本の教育現場では、

「戦場へ向かう日本男児は、たくましく、強くなくてはいけない。銃後で、家庭を守る女子は、男子に逆らわず、従うような優しい女性にならなくてはいけない」

といった、軍部からの強い圧力による指導がおこなわれていたのです。

そして時おり、学童にきちんとした軍事教練が適切におこなわれているかどうか、軍部が国民学校の巡視にやってきたのです。これこそまさに「男尊女卑」の誤った教育であっ

たのです。当時、女性には国政選挙権すら与えられていなかったのです。

現代社会は男女同権。いまや全国各地では「男女共同参画の研究や事業」がおこなわれています。男性も、女性も「強く、やさしい心」を内包させて活動しています。

広介先生は、その考えを、すべての「ヒロスケ童話」に反映させていったのです。

人間に恐れられていた竜に同情する少年を描いた『りゅうの目のなみだ』や、目の働きを奪われた弟を思いやる兄うさぎを描いた『うさぎの兄弟』など、広介先生が世に送り出した千余編の童話の底に流れる温かい「思いやり・やさしさ」の源泉は、どこにあるのでしょうか？

かつて広介先生は幼年時代のことを、次のように語ったことがあります。

「私は幼少のときから、母と、祖母から昔話を聞かされてきた。いくつかの話のなかには、おもしろおかしく、こっけいなものもあったが、聞いたあとには、あわれなところが、ちょうどくぼみに水がたまってしまうように、心に残ったものである。たまり水はかわくこともなく、心のうちに沈んでいって地下水となったのか、やがてそれが、私の童話のなかに湧き出して、感情、感覚、詩情を加えて私の童話の質になったのである」と。

広介先生の内面には、お母さん、おばあさんの一言一句がしとしととしたたり落ち、それがやがて、大きな湖水のダムとなって、ドッと流れはじめていったのです。

今日「ヒロスケ童話」が見直され、改めて再評価され注目されているのは、「人間としてのあるべき姿をとらえていること」「心の時代にふさわしい生き方が、子どもの目線で的確にとらえられている」からにほかなりません。

広介先生がお亡くなりになった年（昭和四十八年十一月）の三月のことでした。

広介先生は私に、「きのう来たスズメが、今朝もやってきたのですよ」と話してくださいました。「どうしてわかるのですか？」とたずねますと、先生は「スズメは一羽、一羽、鳴き方が違うのですよ。チュン、チュン、チュと鳴いたので、きのうのスズメさんだとわかったのですよ」

八十歳を越えた先生が、今、何が見え、何が聞こえ、何が匂うかと、絶えず五感を働かせて周囲を見ていた姿から、私は多くのことを学ばせていただきました。「感性を研ぎ澄ませて見つめるとは、こういうことなのだ。……だからこそ、優しく、温かい作品を生み出すことができるのだ」と。

辞書が悪い！

―夏目漱石―

夏目漱石（一八六七〜一九一六年）は、明治・大正時代に活躍した小説家であり、英文学者です。

代表作である『我輩は猫である』『坊っちゃん』をはじめ、数多くのすぐれた作品を生み出した漱石は、さまざまなエピソードを残しています。

夏目漱石は「近代文学を代表する大文豪」。かつて千円札の顔でした。

漱石は『草枕』という作品の中で、「住みにくい人の世と悟ったときに、詩が生まれ、絵ができる」とのべています。

色紙にも、「あらゆる芸術家は、社会をのどかにし、人びとの心を潤してくれる。そこに芸術家としての存在の価値があるのだ」とも書いています。

漱石は、江戸時代からの名主の家の息子（本名は金之助）として生まれました。しかし、明治の世になると、名主制は消滅し、夏目家は生活が苦しくなりました。漱石は、すぐに里子に出されてしまいました。実家にもどったのは九歳のときでした。

東京（今の新宿区）の生まれで、道理の通らない曲がったことが大嫌い。正義感に燃える漱石は、少年のころから、「好きなものは好き。嫌いなものは嫌い」と、ハッキリと言いつづけてきました。

「私は、心の温かい人が大好きだ。母とばあやが好きなのは、心が温かいことと、陰ひなたなく愛情を注いでくれるからだ」

と、漱石はキッパリと言い放ちます。

そんなとき、ばあやはいつも心配して、

「でも、お坊ちゃま、世の中では、あまりハッキリものを言うと、味方もできますが、敵も半分できますよ」

と、忠告するのでした。しかし、漱石は首をふります。

「正しいことをしていれば、人は何と言っても、いいじゃないですか」と。

漱石は、文学者として、己自身にも厳しくムチ打っていました。

「文学が通俗的なものになってはいけないし、また、たんに美を求めるだけのものであってもいけない」と。

漱石は、帝国大学（今の東京大学）を卒業すると、四国・松山の中学校に英語の教師として赴任しました。

ある日のこと。英語の授業中に生徒が手を挙げて質問しました。

「先生の訳してくれた英語の意味は、この辞書にのっている意味と違います」

漱石は胸を張って答えました。

「それは**辞書が悪い！**　私の意味が正しいのだ。辞書の意味を書き変えておきなさい」

生徒たちは、漱石の自信に満ち溢れた顔におそれいってしまいました。

毎日ペンを握り、言葉を紡ぎ出している私は、当時千円札を手にするたびに、「表題の言葉」に励まされていたものでした。

私たちも、もっと学問に励み、「○○が悪い」と胸を張って言えるほどの自信をもちたいものです。それは、「ある物事に対して、自分の考えをしっかりともつ、それを自分の言葉で語る」ということです。自分の体験や豊富な知識の積み重ねによって、植えつけられてくるものです。

例えば、国会答弁、弁論大会、テレビのコメントなど公の場所で、原稿やメモばかり気にしてうつむいて語る人がいます。それは「問題を自分のものにしていない、借り物の言葉で語っている」からなのです。

私も、漱石のように、知識を豊富に詰め込み、自分の問題意識とし、自分の言葉で胸を張って答弁できる人間になりたいと、たえず思って歩んできたつもりです。

「辞書が悪い!」の内側には、人間の生き方を問われる非常に深い意味が込められているのです。

己に克て

―井上靖―

井上靖は、一九〇七（明治四十）年、北海道で生まれました。父が軍医で各地を転属していたため、幼少期は伊豆・湯ヶ島の祖母に預けられ、土蔵の中で育ちました。『闘牛』で芥川賞を受賞して文壇にデビューしました。「己に克て」の言葉は、『あすなろ物語』に出てきます。本作は、幼年期を過ごした湯ヶ島が作品の舞台になっています。

「言葉というスバラシイ道具」を生み出した人間は、日々多くの人びとと出会い、ふれあい、そこで交わした言葉を血肉にすることによって、己を高めていくことができるのです。

井上靖の小説の一つに『あすなろ物語』という作品があります。舞台は伊豆の天城山麓。父の転勤の都合で、祖母の家に預けられた鮎太少年が、さまざまな人々と出会い、そこから新しいものを発見し、日毎に成長していく過程を描きあげたものです。

鮎太は、祖母の姪に当たる十九歳の冴子と出会います。

ある日、冴子が「あすなろう」の木を指して言った言葉が胸に突き刺さります。

「(あすなろうは)あすはひのきになろう。あすはひのきになろうと一生懸命考えている木よ。でも、永久にひのきになれないんだって! それであすなろうというのよ」

ある日、鮎太は冴子に頼まれ、東京から来て温泉宿に泊まっている加島青年に手紙を届けます。

加島は、まだ十三歳の鮎太を、一人前の大人として応対してくれました。

「人より二倍勉強するんだな。二倍勉強すれば、二倍だけできるようになる」

「克己って言葉知っている? 自分(己)に克って机に向かうんだな。入学試験ばかりではない。人間一生そうでなければいけない」

この加島の言葉は新鮮な響きとして、鮎太の内面に沁み込んでいきました。やがて鮎太は、しっかりと大地に足を踏みおろし、生きることへの目（心）を開いていくようになります。

克己とは、己自身の内面の惑いの闘いに勝つことです。人間の精神とは弱いものです。小さな誘惑に負けてしまうこともあります。私たちは毎日、内容の大小の差こそあれ、内面で葛藤し、その決断に迫られているのです。悲しいかな、そんなとき、人間の弱い心はとかく「らくな方へ、たのしい方へ」と傾斜してしまいがちです。その結果が……。

「**己に克て**」という言葉の側面には、絶えず「正義と決断」という精神力が要求されているのです。

「あすなろ物語」が発表されたのは、昭和二十八年のことです。私が定時制高校生のときでした。本書に触発された私は、「己に克つとは、どういう行動を示すことか」と深く考えさせられました。二十二歳で定時制高校を卒業した私は、大学進学を決意しました。ところがお金が一円もありません。一年間無我夢中で働き、入学金を貯めました。

「コーヒーやタバコや無駄なものをすべて断つ。それが克己だ」

自分なりに解釈しましたが、それは相手のいない、精神的な闘いを意味していたのです。大学に合格したときに、やっと克己の意味を実感として受け止めることができました。

あるオリンピック代表選手が、マラソン競技でメダルを獲得しました。ゴールの瞬間コメントを求められ、「自分で自分をほめたい」と端的に話しました。コメントの奥に潜む「己との苦しい闘いに打ち勝った喜び」が、私には深く理解できました。

私は世界の人類のために働きます

―アンネ・フランク―

アンネ・フランクは、ナチス・ドイツのユダヤ人迫害政策を受け、両親と姉の四人でオランダに逃げてきました。父の知り合いのビルの一角に身を隠し、外出もできないアンネは日記帳を友とし、希望をもって前向きに自分の思いを書きつづっていきました。「私は世界の人類のために働きます」という言葉の裏には、「私だったら人類の差別をせずに働きたい」という願いが脈打っています。

今年も八月十五日の「終戦記念日」が巡ってきました。

日本が第二次世界大戦に敗れてから、早くも六十余年の歳月が流れました。あのいまわしい戦争は、世界の多くの人びとの心に永遠に消えぬ深い傷跡を残したのです。

私自身も東京大空襲により戦災孤児となってしまいましたが、多くの心優しい人びとに支えられて、苦難の道を乗り越えることができました。

アンネ・フランクも、また戦争の犠牲者のひとりでした。

アンネは一九二九年、ドイツのフランクフルトでユダヤ人の子として生まれました。父が商売を手広く営んでいたことから、アンネが四歳のときに、オランダのアムステルダムに移り住みました。

第二次世界大戦が始まると、ヒトラーを党首とするナチス・ドイツによるユダヤ人弾圧が激しくなってきました。やがてドイツ軍が、オランダを占領すると、「ユダヤ人への迫害政策」はいっそう厳しいものとなっていきました。

アンネ一家四人（父母と二歳年上の姉）は、父の会社のビルの一室に隠れました。十三歳のアンネは、外出できない暗い部屋の中で、キティと名づけた日記に、己の思いを語りかけるように書きつづけていきました。

「もし神様が私を長生きさせてくださるなら、私はつまらない人間で一生を終わりたくありません。**私は世界の人類のために働きます**」

アンネは、明日の生命も保障されない生活の中にあっても、たえず前向きに物事をとらえ、自分の考えをまとめていったのです。

同じビルに隠れていたペーター少年への恋。将来作家になりたいという希望。多くの人類のために役立ちたいという思いなど、夢はかぎりなく広がっていきました。

また、日記のほかにも童話も書きつづけました。

アンネは、追いつめられ、息苦しい一室にあっても、冷静に現実をとらえ、理性を失わず、未来への夢をもちつづけていきました。

日記は、一九四四年八月一日で終わっています。

その三日後の八月四日、アンネ一家はナチス・ドイツ軍に捕らえられ、収容所に送られてしまいました。

その翌年二月、姉のマルゴーがチフスにかかって死ぬと、アンネも姉のあとを追うように息を引き取ったのでした。

十五歳の少女が残した日記帳は、隠れ家で発見され、戦争が終結して収容所から戻ってきた父親の手に渡されました。

その後、『アンネの日記』は世界各国で出版され、反響を呼びました。

十五歳の少女アンネの「……つまらない人間で一生を終わりたくない。世界の人類のために働きたい」の言葉は、私に生きる力を与えてくれました。そして、「自分には何ができるか」と考えさせてくれました。

教育現場に身を置いていた当時、一部の教師が生徒を省みることもせず、ただひたすら上層部の顔色を伺いながら教頭・校長の椅子だけを目指している姿に私は幻滅を感じました。つまり、生徒不在の教育活動をおこなっているつまらない教師の腐敗を感じとったのです。そこで私は、「教育現場のいじめ問題・偏差値差別など多くの真実」を書くことにしたのです。アンネの言葉に背中を押されるように……。

私が教科書編集委員当時、『アンネの日記』をS社の教科書に採用したことが縁で、アンネのお父さんから「アンネのバラ」を送っていただきました。

今年も、七色に変化する「アンネのバラ」が、庭に咲きほこっている。

旅と経験は
来るのを待つな
進んで求めよ

―サマセット・モーム―

サマセット・モームはイギリスの小説家。パリで生まれましたが、幼少の頃に父母を亡くし、叔父夫妻に養育されました。ロンドンの医学学校に学び、医師の資格を取得しましたが、文学で自立する決心をしました。そして、『月と六ペンス』『人間の絆』など、風刺とユーモアに満ちた作品を世に出し、多くの読者を得たのでした。

「旅に出る機会や、さまざまな経験は自らの手でつかみとるものです。待っていてはいけません。心を豊かにする礎石ですから……」という高校時代の恩師K先生の言葉と、**「旅と経験は来るのを待つな　進んで求めよ」**（S・モーム）と板書された字が、今でも熱く脳裏に焼きついていて、時おり湧き出してくることがあります。

太平洋戦争終結後、日本の社会は物資不足、インフレ、ヤミ市……と、混乱していました。新制中学校を卒業した生徒たちの大半は、それぞれの職場を求めて働きに出ました。私も生活苦から、中学卒業どころか、中学二年の二学期で中退を余儀なくされました。

その数年後、定時制高校が誕生しました。

一九五二（昭和二十七）年、中学卒業資格試験に合格した私は、十八歳で定時制高校に入学しました。

国語の時間、サマセット・モームの『月と六ペンス』の授業の最後に、K先生は、旅がこれからの人生に大きな影響を与えることを熱く語ってくれたのでした。

「モームは、かぎりなく旅を糧としていました。みなさんも、若いうちは借金してもよいから、時間とチャンスを見つけて旅に出なさい。職場と定時制高校だけを往復しているだけですと、人間の心は狭くなってしまいます」

私はそのころ、ブリヂストンタイヤの栃木県総代理店に勤めていましたが、K先生の言葉に触発され、休日になると、わずかなお金を懐に入れて旅に出ることにしました。

家の玄関を一歩出れば、すでに旅のはじまりです。日帰りの小さな旅もあれば、連休中の大きな旅もありました。

温かい人びととの出会い、雄大な景色との出合い。職人技や、神社・仏像など伝統美への感動……。それまで知らなかった世界に足を踏み入れ、その場の空気を一瞬のうちに吸収する。そうした新鮮な出会いと出合いの行動を重ねていくうちに、いつしか、目の前の風景の奥に潜んでいる本質を感じ取れるようになってきたのです。

歳月が流れ、何年かの後、女子大学の教壇に立てるようになった私は、学生たちに、往時の体験を語りながら、学期の冒頭に「旅と経験……」の話をしたあと、ハッキリと約束しました。

「もし、〈旅に出ること〉が欠席の理由であるならば、みなさんが旅先で感じたり、考えさせられたり、発見したことなどをレポートとしてまとめて提出しなさい。そのレポートによって出席にしてあげましょう」と。

おとぎ話〃夢と希望をもって生きなさい

―アンデルセン―

アンデルセンは、一八〇五年、デンマークの靴屋の子として生まれました。「おまえの思いどおりに歩みなさい」という理解ある父のもと、歌手や俳優に挑戦しましたが失敗。「子どもに夢のあるお話をつくろう」と方向転換しました。子どもたちが悲しんでいるとき、淋しがっているとき、心を癒すのは「希望のもてるお話だ」と思ったのです。それから夢のある童話をたくさん生み出しました。

「童話の神様」と呼ばれているハンス・クリスチャン・アンデルセンは、デンマークのオーデンセという小さな町の靴屋の息子として生まれました。「ぼくは将来、俳優か、歌手になるのだ」と決意し、十四歳になったとき、首都コペンハーゲンに出てきました。ところが、俳優と歌手のどちらにも挑戦したのですが、いっこうに芽が出ません。アンデルセンが絶望のどん底にいるとき、劇場の支配人が彼を助け、大学に進学させてくれました。三十歳になったとき、『即興詩人』を発表し、高い評価を得ることができました。

以後、「私は子どもたちに、夢を与える作品を書きたい。子どもらが絶望の底に落とされないためにも……」と、童話に取り組みはじめたそうです。

自分の声と引きかえに人間にしてもらい、王子への愛を貫いた『人魚姫』。

同じ池の鳥たちに苦しめられ、いじめられながらも歯を食いしばって生き、やがて幸せをつかんだ『みにくいあひるの子』。

マッチの光の中に、自分の世界を見つけた『マッチ売りの少女』。

さらに、『おやゆび姫』『はだかの王様』『絵のない絵本』など、心温まる童話をアンデルセンは次々と世に送り出していきました。

アンデルセンは、己の苦難の体験を通して、「いかなる境遇におかれても、希望を持ち、夢のある生き方を求めたい」という願望を、「子どもたちへの、夢のあるお話作り」という形に結実させていったのでした。

『みにくいあひるの子』には、どんなに貧しくとも、美しい心と希望をもって歩めば、必ず幸福はおとずれるという、熱いメッセージが込められているのです。

自身の体験を通して生まれた「すべての人間の一生は、神の手で描かれたおとぎ話である」という言葉の奥には、

「おとぎ話＝夢と希望をもって生きなさい」

という願望が流れているのです。

さらに信心深い母の影響も受けて、信仰心が「神の手で描かれた……」という言葉に内包されているのです。

おとぎ話は、非現実な話、夢の話、空想の世界であることは確かです。しかし、作者が架空のファンタジーの世界を扱う際には、その童話の世界としての「現実」があり、「秩序」があります。架空のおとぎ話の世界の底には、人間本来の夢や願望、優しさ、思いやりな

ど現実の世界を映した主題が波打っていることを忘れてはなりません。

アンデルセンによって近代的な童話の門は開かれた、ともいわれています。アンデルセン童話は、今でも世界中の人びとに親しまれています。

子どもたちはだれもが夢と希望をもっています。「私はスチュワーデスになりたい」「ぼくはプロ野球選手になりたい」と、それぞれの希望に向かって歩んでいます。私たち童話作家は、子どもたちが未来の希望を実現できるように、夢の膨らむ作品を書きつづけます。親御さんたちもぜひ、希望のわく言葉を子どもたちにかけてあげてほしいと願います。

・スチュワーデスを希望している子どもに
◎「それでは、英単語をいまから覚えておきましょうね」→夢をふくらませる
×「なに考えているんだい。スチュワーデスは募集ゼロだ」→夢をつぶす
・プロ野球選手を希望している子どもに
◎「そうか、それでは、キャッチボールからはじめようか」→夢をふくらませる
×「プロ選手なんか、一億人のなかのわずか一部の人間だ」→夢をつぶす

愛するとは、同じ方角をみつめること

―サン・テグジュペリ―

サン・テグジュペリは、フランスの旧家に生まれました。美術学校を卒業したあと、兵役として航空隊に入りました。その後、民間航空会社で郵便飛行に勤務しました。そのときの経験が『夜間飛行』などを生み出すもとになりました。純真な少年との交流を描いた『星の王子さま』は、世界各国で読まれています。

『星の王子さま』という作品は、あまりにも有名です。

飛行機が故障してサハラ砂漠に不時着した主人公は、そこで小惑星からやってきたという星の王子さまに出会い、さまざまなふしぎな話を聞くという内容です。

作者はサン・テグジュペリ（一九〇〇〜一九四四年）です。彼は、フランスの飛行士でもあり、『夜間飛行』などを生み出した小説家でもあります。ところが無念にも第二次世界大戦中、飛行基地から飛び出したまま還らぬ人となってしまいました。

彼は「愛すること」について、次のような名言を残しています。

「**愛するということは、**われらが互いに見つめあうことではなく、ともに、**同じ方角を見つめることだ**」

私は、この名言を次のようにやさしく解説したところ、B社の道徳の中学生教科書に採用されました。

両親が、運動会でわが子の走る姿をじっと見つめる目。先生が授業中学習する生徒をじっと見つめる目。生徒たちが机を向かい合わせ討議するために仲間同士を見つめ合う目……

これらはすべて、信頼と愛情に満ち溢れた見つめ合う目なのです。

成人を迎えた男女は恋人同士。二人は時おり近くの公園で出会い、ベンチに腰をおろし、互いの目を見つめ、好きな人が傍にいるだけで心ときめかせていました。見つめ合うことによって愛を確かめていたのです。

ところが、テグジュペリは「愛するということは……ともに、同じ方角を見つめること」と断言します。

わが子可愛さのあまり溺愛する両親。恋人の容姿だけに惹かれて、理性の目をくもらせた愛だけに走る成人男女……。ここからは真実の愛は生まれてこないのです。

お互いを見つめ合うことも愛だが、さらに、そこから一歩進み、お互いに目標を持ち、肩を組み、励まし合い、目的に向かって前進してほしいと、彼は願っているのです。

共通の目的を達成するには、幾多の困難が待ち受けているかもしれません。試練の壁にぶつかったときに、また立ち止まり、悩み、思考し、英知をふりしぼって乗り越えていかなければなりません。こうした体験を幾度となく積み重ねていく過程のなかで、お互いの真実の愛は育まれ、本物となっていくのです。

私が、この名言を取り上げた理由は二つ。

一つは、テグジュペリの「同じ方角を見つめて目的をもって生きていこうとする姿勢」。

もう一つは、彼の「永遠に純真さを保ちつづけて生きようとする姿勢」に共鳴したからです。

童話『星の王子さま』では、主人公のぼくと星の王子さまとの、ほのぼのとした純真な心の交流を描きあげているのです。

作品の中で、テグジュペリはキツネを登場させて、次のようにも語らせています。

「心で見なくちゃ、ものごとはよく見えないってことさ。かんじんなことは、目にみえないんだよ」

私たちも、感性を研ぎ澄ませて、純真な前向きの目で「真実の愛」を見つけ出していきたいものです。

漢字にも心がある

―杉本深由起―

一九六〇年大阪生まれの杉本深由起さんは、日本児童文芸家協会に所属して、みずみずしい感性豊かな詩を発表しています。詩集『トマトのきぶん』で、児童文芸新人賞を受賞。その後も次々と詩集を発行。詩集『漢字のかんじ』では、漢字を丁寧に分析し、象形文字の奥に秘められているであろう漢字の思いをすくい、まとめあげて注目されました。

二〇〇九年の暮れ、友人の杉本深由起さん（詩人）から、「**漢字にも心があります**。その心を引き寄せてまとめました。難産でしたが年内に出版できて……」と喜びの便りといっしょに、『漢字のかんじ』（杉本深由起作・銀の鈴社刊）が送られてきました。

本書は「命・固・蝶・窓……」など三十二文字を選び、その内面に潜む漢字の心を作者の感性で包み込んでまとめあげたユニークな詩集です。

命＝「（前文略）……うまれるよってことりのひなが／まってたよっておやどりが／たまごのからをつつく／コツコツコツコツ／叩いているんだよ／ああ／命って／叩いて叩いて叩いて／やっと一つうまれてくる」

作者の想像力によって、「命」の文字に躍動感に溢れる息吹が与えられた新鮮な詩集であると、感心していました。

そんな矢先に、読売新聞コラム「編集手帳」でも取り上げられました。

涙＝「涙ながすときには／ひっそりと戸をしめて／でも／ながした涙のぶんだけ／戸のなかで／大きな人になって／戻っておいで」を引用し、「涙のときを迎えている日本航空よ、贅肉をすっきり削ぎ落とし、安全で、安心で、流した涙のぶんだけ素敵な笑顔の翼となって戻っておいで」と、まとめていました（二〇一〇年一月二十日付読売新聞）。

私がはじめて杉本さんの詩集に出合ったのは十六年前の詩集『トマトのきぶん』でした。「お日さまに向かって／目をとじました／すると／たちまち世界中まっかになって／トマトになったきぶんです／あなたの声にもがれるまでは」（一九九四年刊）

その四年後、第二詩集『ふうわりと』で、杉本さんは、「漢字を表記として見るのではなく、詩という内面に変えられないか」と考えはじめました。

さらに、その試みを積み上げ、〈少年詩〉としてまとめあげたのが『漢字のかんじ』なのです。

頑ばる＝「（前文略）……きょうはここまで／またあした！　という／元気に／頁をめくるちからを／のこしておくことだと／ただし／一つノ目標だけハわすれずにね」

器＝「いつもは／だまっているけれど／器は／ほんとはうたがすき／（中略）口口／口口／大きなこえでたのしそう」

冬＝「そとはふぶき／こんもりゆきにおおわれた／やねのなか／冬ごもりしている／テンテンふたつ／かあさんぐまと／うまれたばかりのこぐまです」

まるで漢字が生きているように迫ってきます。

杉本さんの優しい心で、漢字一文字の奥に漂う光と風と土の香りが、みごとに分析されているのです。杉本さんは「詩というジャンルを通して漢字にふれるのは、おもしろいと思ってもらえれば幸い」（あとがきより）とも願っているのです。

みずみずしい感性の持ち主である子どもたちは、本書を開いて、また別の角度から「漢字の心」を発見してくれるのではないでしょうか。

私たち作家は、ほとんど毎日のように「原稿用紙」に漢字を吐き出しています。漢字を一字原稿用紙のます目に置いたとき、それは「漢字」であると同時に「作者の心」が置かれることになるのです。それが活字となり、本として世に出ると、永遠に消えることなく、時には共感され、時には批判を受けながらひとり歩きをはじめます。

「原稿用紙に漢字を一字置く」という行為は、「書き手の心を置く」ことであり、書き手の生き方を問われることにもつながるのです。

それぞれの人が書いた「漢字一字」の中に、書き手の奥に流れる生き方、思い、哀歓を想像してみることも楽しいことです。

くじけないで!

―柴田トヨ―

柴田トヨさんは百歳。若い頃から詩が好きでした。しかし、生活に追われた半生でした。九十歳を過ぎてから息子さんに勧められて詩作をはじめました。詩集『くじけないで』には、次世代の人びとに伝えたいトヨさんの願いが半生のしわの中から滲みだし、一語一語が力強く響いてきます。

先日、詩集『くじけないで』（柴田トヨ作・飛鳥新社刊）を読みました。「数え年で九十九歳の白寿を迎えるおばあちゃんが、人生を回顧し、さらなる未来を見つめて謳いあげた処女詩集である」と説明したら、作者の柴田さんに叱られてしまうかもしれません。なぜなら、

「私を／おばあちゃんと／呼ばないで／「今日は何の日」／『9＋9は幾つ』／そんなバカな質問も／しないでほしい……」

という柴田さんの詩は、「柴田さんと呼んで、詩人や、内閣の質問ならうれしい」とつづくからです。

柴田さんの、「今日は何の日で、何を考え、何をしなければならないのか」とつねに現実を凝視し、前向きに歩みつづけているエネルギーには、感服するばかりです。

「ねぇ不幸だなんて／溜息をつかないで／陽射しやそよ風は／えこひいきしない／夢は／平等に見られるのよ／私辛いことが／あったけれど／生きていてよかった／あなたもくじけずにね」

柴田さんがこう書くと、哀しみや喜びなどが込められた百年という悠大な歳月の果てに、

説得力ある言葉が詩の形にまとめられ、私たちの前に差し出されたのだと感じられてきます。言葉の奥からは、後輩たちへの贈り物として、勇気や希望をもって歩む力が届けられてもいるのです。

汁の沁み込んだ煮物が美味であるように、人生の汗の沁み込んだ言葉には、深い味わいがあり、説得力に満ちています。九十歳を過ぎてから息子に勧められて詩作をはじめた、というエネルギーにもたくましさを感じます。

本書には、平易な言葉でうたいあげられた四十二編の詩と、『朝はかならずやってくる』という作者の短い自伝が収められています。

人間は年をとるたびに忘れていくが、それを寂しいと思わず、忘れていくことへの幸福感と、あきらめをうたった『忘れる』。

子どもと手をつないで夫の帰りを待った駅と、その帰り道の家族愛をうたった『思い出Ⅱ』。柴田さんは本作が一番好きだといいます。そこには、家族というものをかけがえのないものとして慈しむ心が流れているのです。

栃木市に生まれ、からっ風を浴び、今は宇都宮市に住む柴田さんの人生は波乱に満ちていました。米商いの裕福な家庭が傾き、やがて商家奉公へ。そこでいじめられて、幸来橋のたもとで泣き崩れたこともあったとうたっています（『幸来橋』）。

私も東京大空襲で戦災孤児となり、中学校を中退し、同じ栃木県の宇都宮市のノコギリ屋に商家奉公に出ました。宮の橋のたもとで泣いたこともありました。柴田さんの詩と私の体験がオーバーラップし、いつしか涙があふれてきました。

本書に収録された詩は、たんに感傷や思い出に浸って言葉として湧き出したものではありません。また、センチメンタリズムにも流されていません。

それぞれの地点から、未来の扉を開け、さらに一歩踏み出そうとしていく姿勢に好感がもてるのです。

やわらかな風、かすかな光も見逃さずに感じ取り、おおらかにうたいあげていく繊細さと大胆さ。その若々しさと、重みのある一語一句に引き寄せられる詩集でした。

七十五歳の私が、九十九歳のおばあさんに「**くじけないで！**」と、励まされた詩集でした。

第三部

三・一一東日本大震災以降

みなさんに考えてみてほしい言葉

◇第三部プロローグ

「今日の日記をつけましたか？」

この言葉は、厳しい母の口ぐせでした。

私が小学校に入学してからというもの、母は、「その日のできごとや、感じたこと」を、一行でも書かないと床につかせてくれませんでした。

私は、いつしかそれが習慣となり、「日記を書くことは当然のこと」となりました。

小学二年生の暮れに太平洋戦争が勃発。母は、「これからは、集団生活の中で生きることを身につけなければ、立派な軍人さんにはなれません」と、三年生の夏、私を静岡県のK学園に半年間入園させたのでした。

なつかしい母との
貴重な写真。

「どんなことがあっても、日記だけはつけるのですよ。一行でもいいから……いいですね」

母に念を押されるようにして日記帳をカバンに詰め込まされました。

母は、私が四年生になって間もない五月に、防空演習の過労がもとで他界してしまいました。不運はつづくものです。五年生のときには、東京大空襲で父も義祖母も、家財も失ってしまいました。

私は中学校を中退すると商家奉公に出ました。「トモヨシの日記」を唯一の友として戦後の混乱期を歩みはじめました。

その後、東京都の中学校の国語教師となりました。八丈小島の学校を希望して赴任。幼年期の母の影響が基で、「日記教育」「作文教育」に力を注ぐようになりました。

　病気になっても医者に診てもらえないつらさ、物干し竿で鯛を釣ったときの喜び……島の子どもたちは、生活の哀歓を素直に表現していきました。

　私は手作りの文集を作り、東京都知事や教育長などに送りました。やがて「読後の感動」が多く寄せられました。子どもたちの文章は政治家たちの心をも動かしたのです。

　その後、八丈小島は東京都が土地を買い上げ、全員移住の無人島になりました。

　時おり「命の尊さ」などの講演を依頼されることがあります。そのときは、いつも次のようなことを語ります。

「私の作家としての第一歩は、母の『その日の出

今は無人島となってしまった八丈小島。

来事を一行でも書きなさい』という言葉でした。

自分自身の体験したことがらや、出来事の中で感じたり、考えたりしたことは、文章にまとめることによって、はっきりと確かめられていくものです」と。

書くということをひと言でまとめるならば、「己を成長させ、生活を向上させる」ということになるでしょう。極言すれば、「書く力は、社会を動かす力をもっている」のです。

私は書くことによって、充実した人生を創り出すことができました。今は、「次世代の子どもたちのために童話を書いている若い人たち」と一緒に勉強に励んでいます。

牛の世話をすることからも、子どもたちの作文は生まれた。

誰でも何か能力をもっている

——宮城まり子——

終戦直後、日本人の多くは暗い世相のなかで「食を求めること」だけに必死になっていました。そんなとき、歌手として明るい歌声で登場したのが宮城さんでした。「子どもはスバラシイ能力をもっている」という信念のもと、歌手生活から学園経営へと転身。養護施設の子どもたちの才能を次々と引き出していきました。

宮城まり子さんは、一九二七（昭和二）年に東京・蒲田に生まれました。母子家庭で育ちましたが、少女時代に母や弟を亡くし、苦難の道を歩みはじめました。

日本の敗戦まもない一九五〇年に、歌手としてデビュー。ご年配の方なら一度は口ずさんだと思われる「毒消しゃいらんかね」「ガード下の靴磨き」などのヒット曲を世に送り出しました。「ガード下の靴磨き」は、当時の世相を反映した歌です。巷にあふれていた戦災孤児や生活苦の家庭の少年たちが、靴磨きをしながら明日の糧を求めて路上で働いていたものでした。敗戦後の混乱期、宮城さんの明るい歌声がラジオから流れ、多くの人びとの心を潤してくれました。


やがて世の中も次第に復興安定し、経済も成長してきました。敗戦から十年の歳月が流れました。

「日本の未来を背負う子どもたちに、何とか手を差しのべられないだろうか？」

宮城さんは、親のいない子どもたちの施設をつくりたいと考えました。さっそく土地探しをはじめました。しかし、東京では土地が高くて手を出すことができません。地方にやっと土地を求め、一九六八（昭和四十三）年、静岡県浜岡町（現在御前崎市）に、社会福祉法人「ねむの木福祉会」が設立されました。日本初の障害を抱える子どもたちの養護施設として認可されたのでした。宮城さんは、肢体の不自由な子、知能の遅れた子、親のいない子、親に虐待された子どもたちを集めて、ねむの木学園で養育することにしたのです。

「子どもたちは、それぞれが夢を抱いて歩んでいます。子どもたちは、それぞれがスバラシイ能力を持っているのです。それを、抑えつけることなく、引き出してあげたいのです」

「愛情に包まれた子は安心して自分の才能の花を咲かせていく」……やがて、ねむの木学園の子どもたちの中から、色彩あざやかなのびのびとした絵が生まれてきました。

子どもの絵画が全国に紹介されたとき、私は、きっと、基本的な知識を与えてからは、あとは抑えつけることなく、側面から静かに見守っていたのであろう、と感じとりました。

子どもたちは、絵画だけにとどまることなく、詩歌をはじめさまざまなことに挑戦し、自分の思いをのびのびと素直に表現した、たくさんのすぐれた芸術作品を生み出していきました。

「ねむの木学園の生活」がテレビ・映画などで紹介されると、全国から注目を浴びるようになりました。

宮城さんの「**誰でも何か能力をもっている**」という信念のもとに、「ねむの木学園」に集まった障害をもつ子どもたちは、助け合い、いたわり合いながら共同生活していくなかで、それぞれの持ち味を美術、茶道、コーラスなどに発揮していったのです。ここには、いじめも、登校拒否もありません。なぜなら、お互いがお互いを認め合っているからです。

現代の学校で、健常者でも「偏差値が低い」とか「何々ができない」といった即物的な価値観だけで切り捨てられていく子どものなんと多いことか。また、子どもの潜在能力を踏みつぶしてしまうなど、子どもを取り巻く状況は劣悪です。生命を平等に見る目（心）を失ってしまったおとなたちに、純粋無垢な「ねむの木学園」の子どもたちの描いた絵を見てほしいものです。

私の所属する日本児童文芸家協会では、毎年文化庁の承認を得て「児童文化功労賞受賞者」を選出しています。二〇〇〇年には宮城まり子さんが推挙されました。授賞式当日、会場に早めに来られた宮城さんは、椅子に腰を降ろして、黙って微笑んでいました。その笑みこそが、子どもの能力を引き出す源泉であったのだと、私は感じとったのでした。

失敗してもいいじゃないか

――林家正蔵――

一九六二年東京生まれ。林家一門の落語家で、父は昭和の爆笑王と呼ばれた初代林家三平、母は戦災孤児からエッセイストになった海老名香葉子さんです。いまや、落語の高座のほかに、テレビの司会などマルチタレントとして活躍中。毎年三月九日には、母と共に東京・上野公園で東京大空襲慰霊式典をおこなっています。

現代社会は、小さな失敗でも相手を執拗に責めたり、理不尽な要求をしがちです。それは、ボタンの掛け違いというのか、信頼関係という手綱がゆるんでいるのか、どことはなく冷たい空気が漂っているように感じられてなりません。

日本固有の長い歴史の中で培ってきた、人間同志が互いにいたわり合い、励まし合い、許し合ってきた、情緒あふれるおおらかさや真のユーモアが、しだいに消えうせようとしているのです。

その要因は、いったいどこにあるのでしょうか？

そんなことを考えているときに、『林家正蔵と読む・落語の人びと、落語のくらし』（林家正蔵監修・小野幸恵著・岩崎書店・小学高学年生から～）を手にしました。

おなじみの落語『子別れ』『薮入り』『時そば』などを例にあげ、解説しながら、江戸時代の人びとの生き生きとした暮らしぶりを見事にまとめあげているのです。

落語家は、正月には「厄払い」「七草」などを、春には「お花見」、夏には「花火」「夕涼み」などを題材とした作品を取り上げて語り、四季の変化や風物を鮮やかに描き出し、多くの人びとを楽しませてくれます。

そこに登場する人びとは、時おり常識外れというか、型破りというか、驚くような騒動をまき起こします。その一方で、相手を思いやりながら、暮らしそのものを楽しんでもいるのです。落語に登場する人物の根底には、「人間だもの、**失敗してもいいじゃないか**」という人間肯定のおおらかな心が流れているのです。

林家正蔵師匠はユーモアを含めて語ります。

「最近困っているのは地球の温暖化です。『お酉様の夜は北風がピューッ』と言ったって北風が吹かない。寒さがありません。あとは豊かな貧困。コンビニとか、ファストフードとかありますからね。なかなかリアリティがでません」と。

落語界も日本の情景の変化に戸惑っているのです。

日本の美しい四季の喪失や、人間関係の希薄さが、人びとの内面から優しさや笑いを奪い取り、冷めた人間関係を生み出していることを、さりげなく示唆してくれています。

私は、三十年ほど前、中学校の教諭をしていた時代に、中学校国語教科書編集委員を委嘱されました。その折、一年生の教材に「落語・子ほめ」を取り入れました。なぜなら、真のユーモアや情緒は、江戸時代の庶民の言動にあると考えたからです。

ところが当時、「教科書に落語とは何事ぞ」と、全国の先生方から叩かれました。今日では落語ブームで、幾社かの教科書に「落語」が採用されていますが、当時はキマジメな先生方にはあまり理解されなかったのです。

落語は会話を中心に展開します。その背景にある情景を想像し、人物の言動の滑稽さや地口の面白さをとらえて楽しむものです。

家庭でも、落語を通して、江戸時代の人間のおおらかさについてちょっと考えてみたいものです。

夢は実現させるもの

―林修治（羽村市動物公園園長）―

宮崎県生まれ。宮崎フェニックス自然動物園、埼玉県宮沢湖なかよし動物園園長を経験したあと、現在の羽村市動物公園園長に就任しました。花の栽培と童話が大好きで、園長席にすわっているよりも、自ら先頭に立って花の手入れや、童話の部屋づくりの材料工面などに奔走しています。その結果、入場者も年々増加してきました。

私は今、東京都心から電車で一時間ほどの郊外、羽村市に住んでいます。家の隣に羽村市動物公園があります。毎朝「ウオーッ、ウオッ」と叫ぶシロテナガザルや「クワッ、クワッ」と鳴くタンチョウヅルの声で目を覚まします。

児童文学作品を生み出したり、本の書評執筆という作業をしている私にとって、動物公園は憩いの場でもあります。動物公園に遠足にやってくる園児たちと語ったり、動物たちに語りかけたりしていると、心が和み、斬新な発想が生まれてくるのです。

羽村市では、二〇〇八（平成二十）年から指定管理者制度を導入しました。新しい園長さんとして林修治さんが赴任してきました。

林さんは、幼い頃からお花と童話が大好きという、笑顔の絶えない純真な園長さんです。「何よりも子どもたちに夢をあたえたいのです。メルヘン童話には、いろいろな動物が登場してくるでしょう。たとえば『うさぎとかめ』『三匹のこぶた』『さるかに合戦』などたくさんありますね。童話ランドなどを作って子どもたちを楽しませたいのです。ぜひ実現したいです。**夢は実現させるもの**ですから……」

林さんは、「童話の動物公園を作る」という夢の実現に向かって走り出しました。私も側面から、スタディホールに「絵本の寄贈」という形で協力することにしました。絵本はふしぎな力を持っていて、おとなでも子ども時代の心へもどしてくれるのです。

羽村動物公園には、子どもたちにとっての人気者、ジャイアントパンダ、ゾウ、ライオン、カバなどはいません。でも、可愛いサルをはじめ、キリン、ヤギ、ウサギ、モルモット、ロバなどがたくさんいます。

林さんは、まず手はじめに、入り口に美しい花壇を作りました。パンジー、サルビア、マリーゴールドなど色とりどりの花が咲き乱れるなかに、メルヘン童話に登場する小人の人形を配置しました。次は「童話の部屋づくり」です。林さんは、残りの木材、ガラス板などを集めてきて「ウサギとカメの部屋」を完成させました。ジャンボウサギが二匹、リクガメが五匹仲良く遊んでいます。

ある日、「ウサギとカメの部屋」の前で、おじいさんが孫娘に「ウサギとカメの話」を聞かせていました。微笑ましい光景を見て、林さんは嬉しくなりました。

「三匹のこぶたの部屋」もできました。わらの家、丸太の家、レンガの家もできました。オオカミは、ボランティアのおじさんが木で作ってくれました、

「さるかに合戦の部屋」もできました。大きなカニは鉄の板、ウスは太い丸太、柿はプラスチック、ハチは、発砲スチロール、栗はセメントで作りました。サルが今まで以上に活発に活動するようになりました。

「童話の好きな園長さんが、童話の部屋を作った」と新聞やテレビが報じると、入園者が増えはじめました。童話の部屋の前で、それぞれの童話のお話を子どもに聞かせている家族をたびたび見かけるようになりました。

今日も林さんは、澄んだ瞳で入園者に話しかけています。

「飼育員にはできるだけ声をかけてください。動物についての知識をたくさん知っていますから。知識が増えると、人生得した気分になりますよ」

「さるかに合戦の部屋」。カニや栗、ウスの表情も楽しい。

夢を追い求めよ

―植村直己―

植村直己さんは、世界初の五大陸最高峰登頂を果たした登山家・冒険家です。一九四一（昭和十六）年、兵庫県で農家を営む両親のもと、七人兄弟の末っ子として生まれました。明治大学山岳部に所属。卒業後アメリカに向かいました。モンブラン、キリマンジャロなどの単独登頂に成功し、犬ゾリによる北極点到達にも成功しました。植村さんは、つねに挑戦の心をもちつづけていました。

「人の生きる本当の価値は、お金や肩書きなどではなく、**夢を追い求め、**一瞬一瞬を精一杯生きることにあります」

世界ではじめて、五大陸の最高峰登頂を果たした登山家・冒険家である植村直己さん（一九四一〜一九八四年）がふるさとの小学校で児童たちに語った言葉です。

植村さんは、兵庫県日高町で農業を営む家庭の末っ子として生まれました。

少年時代は、おとなしくて、学校でもあまり目立たない存在でした。家に帰ってからも、ただ黙々と牛の世話などを手伝っていました。高等学校を卒業してから、ある会社に就職しましたが、部屋の中に閉じこもった仕事が性に合わず、わずか十か月でやめてしまいました。

植村さんは、もう一度勉強をやり直そうと考え、明治大学農学部に入学しました。

それが、彼のそれからの運命を大きく決定づけたのでした。

入学後、山岳部に入部しました。部活動の中心は登山訓練。山の現地で、重い荷物を背負ってのトレーニング。苦難の末にたどり着いた山小屋での温かい出迎え。きらめく朝日を浴びた山頂に立って見渡した雄大な山なみの景観。登山体験の感動を忘れることができませんでした。

やがて、夢は膨らんでいきます。

「五大陸最高峰の登頂をめざそう」

山に魅せられた植村さんは、大学を卒業するとアメリカやフランスに渡り、アルバイトをしながら夢実現の資金を蓄えはじめました。

一九六六年、モンブラン、キリマンジャロの登頂に成功。

その後も、日本人初のエベレスト登頂、夏のマッキンリーに単独初登頂して、世界初の五大陸最高峰を制覇しました。さらには、単独で犬ゾリに乗って北極点にも達しました。

一九八四年二月十二日、冬のマッキンリーの山頂に立ちました。その日は、ちょうど満四十三歳の誕生日でした。登頂成功を無線で知らせたあと、尾根を下る途中で飛行機にも手を振りました。しかし、それが最期の姿でした。

彼はそのあと、消息を絶ってしまったのでした。

「絶えず夢を追い求めて行動し、偉業を成し遂げた」という功績を記念して、「植村直己冒険館」（東京都板橋区）、「植村直己記念館」（兵庫県日高町）が建てられました。

現代ではあまりにも、

「（経過がどのようなものであろうとも）結果が良ければすべてよし」

「（どのような手段でも）勝てばよし」

といった傾向に流されているようです。

植村さんは「お金や、肩書きがすべてではない」と、子どもたちに語っています。まったく同感です。

つまり現代では、「やさしさ・（心の）ゆたかさ・たくましさ」の「三さ」が要求されているのです。

植村さんは、すぐに夢を諦めてしまう子どもたちに対して、「今を耀いて生きていれば、結果はついてくる」と教えていたのです。

友情の価値は、両方が独立性を傷つけずにつきあえるという点にあるのだ

――武者小路実篤――

武者小路実篤（一八八五～一九七六年）は、大正・昭和時代に活躍した小説家、劇作家。トルストイやメーテルリンクの影響を受けました。徹底した自由主義・個性尊重の人道主義者で、代表作に『友情』『愛と死』『お目出たき人』などがあります。志賀直哉とは親友でした。

私が武者小路実篤の小説『友情』と出合ったのは、敗戦後まもない頃でした。本は祖父が古本屋から求めてきてくれたのです。

作品の内容は、「厚い友情で結ばれていたはずの二人の青年が、ひとりの女性を愛してしまった」というものです。何事でも悩みを打ち明けられ、相談できる友がいることを羨望の眼差しで追いながら読み進めたものでした。

当時、私は、東京大空襲による戦災で多くの友を失い、話し相手もなく、疎開先の学校から帰ると、ひとり淋しく家にこもっていたものです。終戦後は、栃木県の山村の集落で祖父母に引き取られ、養育されていました。

昭和二十二年に宇都宮市のY中学校に転入しました。

そこで、机を並べることになったのがS少年でした。

Sもまた、太平洋戦争で父親を亡くし、行商する母の細腕で育てられていたのです。机は並べていても、気楽な話し仲間程度のつきあいでした。

ところが、私は生活苦から働きに出ることになり、中学校を二年の二学期で中退することになりました。そのまま、Sとの交流も途絶えてしまいました。Sもまた、中学校を卒業すると精米工場へ就職してしまいました。

それから四年の歳月が流れました。

「これからは、学問を身につけていなければ世の中を渡っていけない」

十八歳になった私は、そんな気持ちで宇都宮商業高等学校定時制に入学しました。すると、偶然にもまた同じクラスにSがいたのです。

その頃から、「生きるとは何か」について、Sと真剣に語り合うようになりました。

定時制（夜間）高校が誕生してまだ数年しか経っていませんでした。私はSと一緒に文芸部を創部し、「定時制高校に学ぶ生活」を赤裸々に書いて発表していきました。

そんなとき、再び武者小路実篤の言葉に出合ったのです。

「友情の価値は、両方が独立性を傷つけずにつきあえるという点にあるのだ」（実篤）

この言葉の奥には、「相手の〈個性〉を尊重することが大事。そこから信頼感が芽生えてくるのだ」という思いが流れているのです。

私とSは、自分たちの生活を赤裸々に語り合いました。夜道を家路につくときも、二人で未来の進路について真剣に語り合いました。

『二十四の瞳』を読んで感動した私が、「孤島の教師になりたい」と告げると、Sは同調してくれました。

高等学校を卒業した私たちは、大学進学を目指して栃木県から上京しました。私は法政大学日本文学科に、Sは法政大学史学科に入学しました。大学在学中に「教員免許状」をとり、東京都教職員試験を受験しました。

二人は辺境の地の教師を志望しました。

「東京から南へ三百キロ離れた孤島で、医者もいない、商店もない島があります。もちろん、電気も水道もないのですが、大丈夫ですか？」

東京都教育委員会の説明を聞いて、私は喜んで承諾しました。

大学を卒業すると、Sは青ヶ島へ、私は八丈小島の、小・中学校教師として赴任したのです。

戦後の混乱期から六十年余、お互いに信頼し合える厚い友情がつづいています。こんなにも長くつきあいがつづいたのはなぜでしょう。お互いに口を揃えたように言っていることがあります。

「生活苦の時代、打算を抜きにして助け合ったからではないだろうか。また、お互いが相手の人格を認め合いながら、それぞれの長所を吸収しようとしたからではないだろうか」

この地球上には約七十億人近い人間が住んでいます。そのなかで、信頼できて、真剣に語り合える友は、ほんのひと握りにすぎないのです。だからこそ、あなたの身近にいる人を大切にしてほしいと私は願っているのです。

私は、武者小路実篤の「**友情の価値は、両方が独立性を傷つけずにつきあえるという点にあるのだ**」という言葉を、今でも大事にしています。

みなさんも、まず「周囲にいる人と身近な出来事を語る」ことからはじめてみてはどうでしょう。あなたが見つけた相手と心の底から語り合えるようになるには、「お互いが相手を尊重するとともに、自分自身に正直になること」が要求されてきます。もし、一方が自分勝手で我がままで、自我を押し通そうとすると、友情という名の絆は崩れ去ってしまいます。

スバラシイ友は、あなたの身近なところに隠れているかもしれません。それを発見できるのは、あなたの純粋な瞳（心）ひとつにかかっているのです。

人と人は、助けあって生きている

――山元加津子――

山元さんは石川県の特別支援学校に勤めている先生です。障害を抱えている子どもたちと同じ目線に立って哀歓を共にし、その体験をまとめあげています。表題の言葉は『きいちゃん』（アリス館）のあとがきに書かれています。ほかにも、『本当のことだから』（三五館）、『魔女・モナの物語』（青心社）、『心の痛みを受けとめること』（PHP研究所）などがあります。

山元加津子さんは、現在も石川県の特別支援学校で、子どもたちを温かい心で包み込みながら教壇に立っている先生です。

子どもたちとのふれあいを通して、そこから発見したことや感動した出来事、子どもたちの斬新な発想などをきめ細かく実践記録にとどめ、それらを本にまとめて、私たちに差し出してくれているのです。

生活とは、「人と人とのふれあい」「学ぶことの楽しさ」「余暇の充実」の三つを螺旋状のように高めていくことだと私は考えていますが、山元さんは、その基本をしっかり踏まえているからこそ、心温まる教育実践記録を生み出すことができるのです。

「**人と人は**どんな関係にあっても、教えあい学びあい、**助けあって生きているん**だ」

この言葉からも理解できるように、山元さんのすべての作品の奥には、「教師と生徒という関係ではなく、障害をもつ子どもひとりひとりの友だちとしての視線で向き合い、共に成長していこう」という心が流れているのです。

表題の「人と人は、助けあって生きている」という言葉は、全国学校図書館協議会選定の課題図書になった『きいちゃん』（アリス館）の「あとがき」に収められています。

『きいちゃん』の内容を、少し紹介しましょう。

きいちゃんは養護学校の高校生です。幼いときに高熱を出し、それがもとで手や足が思うように動かなくなってしまいました。今は、訓練を受けるために自宅から遠く離れた学校へ来ていたのです。

姉が結婚することが決まったとき、お母さんに「式に出ないで」と言われます。お母さんは、姉に肩身の狭い思いをさせたくないと思ったのかもしれません。

そこで、きいちゃんは、不自由な手で、白い生地を夕日の色に染め、ゆかたを縫ってプレゼントすることにしました。すると、姉から「結婚式に出てほしい」と電話がかかってきました。

式の当日、お色直しのとき、姉は、ゆかたを着て現われ、妹を全員に紹介したのでした。

原稿用紙十枚ほどの短い作品です。

山元さんは、教え子のきいちゃんをモデルに、小さなエピソードを掌で温かくすくいあげて創作化したのです。

たとえ体に障害というハンデを背負っていても、真剣に生きている人間の姿を、しっかりと見つめてほしい。山元さんの、そんな願いが文章全体に満ちあふれています。

「きいちゃんはきいちゃんとして生まれ、きいちゃんとして生きてきました……」

この表現の底に波打つ、きいちゃんのけなげな生き方、優しさ、たくましさが、読む者の心を元気づけてくれます。

さらに、山元さんは「あとがき」で次のようにも述べています。

「わたしは、きいちゃんたちに出会って、自分は教員だから教えるんだ、指導するんだ、と思うのをやめることにしました。わたしは、きいちゃんよりも先に生まれたけれど、それは髪の毛の長さが長いか短いかくらいの違いなのだと気づきました……」と。

まあ、気にすんな

―ひしいのりこ―

ひしいのりこさんは、埼玉県に生まれた児童文学作家で、心弾む楽しい作品を生み出しています。代表作に『おばけのゆらとねこのにゃあ』（理論社）、『2年1組わすれんぼチャンピオン』（国土社）、『お楽しみ会はお化けでいこう』（小峰書店）などがあります。日本児童文芸家協会所属。

いつの時代でもそうですが、「子どもには、子どもの世界だけにしか理解できない悩み」があるものです。おとなの目からみれば、他愛ないと思われる事柄であっても、子どもにとっては、それが深刻な悩みとなって、心に重くのしかかってくることがままあるのです。子どもが悩みを抱えているとき、友だちから「励ましの言葉」をかけられたら、どんなにか心が和むことでしょう。

以前、私の手許に『子どもにおくる私の友だちの話』（鈴木喜代春ほか編著・らくだ出版刊）という本が送られてきました。

その本には、作家、詩人、主婦など、さまざまなジャンルの人たちが自分の友だちについて二五〇〇字程度で書いた作品が、百八十余編収められていました。その中の一編に、私の知人で児童文学作家・ひしいのりこさんの作品がありました。今回ぜひ紹介したいと思ったので、私はさっそくひしいさんに電話をして、作品発表の許諾を得ました。

・ひしいのりこさんの作品より

私の孫の諒は六年生になった初めての日、

（名字が変わったので、みんなに何といわれるだろう）

と、不安な気持ちで登校しました。

廊下に新しい組と名前を書かれた紙が貼ってありました。

諒は友だちに、

「なんで名字変わってんの？」

と、聞かれました。諒は、

「お母さんとお父さんが離婚するから……中学生になって変わるより、今のうちに変わってたほうがいいから……」

と、いいました。

友だちは、

「ああ！」「そうか」

と、うなずきました。すると、

「**まぁ、気にすんな**」

と、中村君が諒の肩をポンと軽くたたきました。

諒の心の不安がスゥーと消えました。

諒の家族は思っています。

「中村君、ありがとう！」


諒君の内面には、「父母の離婚問題」と同じくらい、友だちからどんな視線や言葉を投げかけられるだろうかといった一抹の不安が渦巻いていたに相違ありません。そんなとき、中村君から投げかけられた「まぁ、気にすんな」という言葉は、諒君の心を救うだけでなく、その後の学校生活をよりいっそう楽しいものにしてくれたことでしょう。

「まぁ、気にすんな」の言葉の底には、相手の気持ちを思いやり、励ましてあげるという温かい心が波打っていたのです。

すばやく出す、それが江戸前だ

――六代目越後屋助七――

本名・渡辺孝之さん。一九三九（昭和十四）年に生まれました。浅草駒形どぜう店主の六代目。「駒形どぜう」は江戸時代の一八〇一年創業。二百余年「のれん」を守りつづけてきました。気風の良い六代目は、「伝統とかのれんとかはクリエイティブがなければつづかない」と語っています。著書に『浅草案内・今に生きる江戸っ子の味・技・人情』（小学館）があります。

私が「駒形どぜう」六代目当主、越後屋助七こと渡辺孝之さんにはじめて声をかけられたのは、二〇一〇（平成二十二）年三月九日。

その日は、東京大空襲で無念の最期を遂げられた方々の冥福を祈る「時忘れじの集い」（海老名香葉子さん主催）が営まれた日でした。慰霊式典で私は、「戦災孤児、戦後の歩みの体験」を語らせていただきました。

その折、渡辺孝之さんに、「感動しました。ぜひロータリークラブでも話していただきたい」と名刺をいただいたのです。渡辺さんの「若者に戦災体験を伝えたい」という思いに感激し、その場で講演を快諾しました。

私は昭和九年、浅草観音様の北側に当たる千束町（今の浅草五丁目）に生まれました。伯父が蔵前に住んでいたため、時折、父の自転車の後ろに乗り「駒形どぜう」の看板を横目で眺めながら通った記憶が鮮明に残っています。当時は、なぜ「どじょう」が「どぜう」なのだろうと、子ども心に不思議に思ったものでした。

江戸時代の初代助七が四文字の「どぢゃう」を三文字の「どぜう」にしたら、店が繁盛したということを知ったのは、かなり後になってからのことです。「どぜう」の造語は、江戸時代から言葉としての息吹を与えられていたのです。

私は、五年生の夏休みに、父の生家のある福島県猪苗代町へと縁故疎開しました。

「猪苗代は水がよい。どじょうがたくさんいるぞ。栄養満点だ」

疎開地で父は、竹の先端に音の出る金具をつけたどじょう追い棒と大かごを手にして田んぼのあぜ道に向かい、私にどじょうの捕り方のコツを教えこんでから、東京へ戻っていきました。

その父も、昭和二十年三月十日の東京大空襲で行方不明となり、還らぬ人となってしまいました。

虚弱体質だった少年時代の私は、福島の澄んだ空気とどじょうのお陰で、病気一つせずに疎開生活を乗り越えることができました。

戦後、私はしばらく、宇都宮市でモーターやトランスの再生を営む小さな電機店で働きました。教職を経て文筆の道に入った私ですが、電機店で私が子守りをしていた幼児は「立松和平」というペンネームで作家の道に進みました。私たちは各地でトークショーをおこなうようになりました。とつとつとした栃木弁で、立松和平は語ります。

「水の一滴一滴は宝石だ。だが、近年は川も汚染され、どじょうも住みにくくなったね。どこかに姿を隠してしまった……」と。

二〇一〇年五月二十四日浅草ビューホテル。浅草ロータリークラブでの講演会当日、私は早めに会場に入り、渡辺さんと打ち合わせをおこないました。が、いつしか話題はどじょうの話になってしまいました。

「先日、渡辺さんのお店をテレビで観ましたよ。江戸前とは何か、という特集でしたね？」

「お恥ずかしいかぎりです」

「渡辺さんのお言葉はズバリで、小気味良かったな」

「気の短い江戸っ子は、時間のかかる鍋物も**すばやく出す、それが江戸前だ**という話のことですか」

「すばやく出すという言葉をお聞きしてから、江戸っ子の私は、もっと早く原稿を書かなければいけない、と気合いを入れなおしましたよ」

私の言葉にうなずく渡辺さんの温かい眼差しから、その奥に流れる、人間味あふれる優しさ、気風のよさを感じとることができました。

東日本大震災への対応に後手後手の政治家に、渡辺さんの「すばやく出す江戸前の気風」を伝えたいとも思いました。

東日本大震災で家族や家屋を失い、途方にくれている被災者に対して、三か月経過しても、義援金が手元に届いた方は数パーセントに過ぎないと報道されています。

「被災者にはすばやく決断、対応する」

それが相手を思いやる真の政治家であると思うのです。

あとがき

多くの人びとや書物などからいただいた「珠玉の言葉」を整理し、一冊にまとめてみると、言葉が人間をいかに内面からゆり動かし、力強く支えてくれているかハッキリしてきます。本誌に紹介した「珠玉の言葉」は、普遍性をもって、また次の世代へと受け継がれていくことと信じています。

温かい言葉、力強い言葉によって感性をみがかれることは、物事の本質を見抜くことができる目（心）を養われることに直結します。なぜなら、自己の内面や自己を取り巻くものの本質を見抜くことができることによって、生きる力が培われていくからです。

己の半生記録から「生きる力を与えてもらった言葉をまとめて、次世代に語り伝えたい」と構想を練っていた矢先に、今人舎社長・稲葉茂勝さんと巡り会えたことは、私にとって限りない僥倖でした。

私は、生前の父の言葉「東京の赤い雪は、人の命を奪うが、白い雪は冷たいだけだ」をテーマに、『東京の赤い雪』という作品を書き上げ、ここ数年つづけて舞台公演をおこなってきました。今人舎の編集者が『東京の赤い雪』を観にきてくださったことがご縁で、私はその後、今人舎の本の執筆をお手伝いすることになりました。

そんな折、東日本大震災発生。三万人に近い尊い命が犠牲になったり、行方不明になったりしました。被災者は瓦礫の山の前にたたずみ、悲しみを背負って呆然と海上を眺めています。さらに追い討ちをかけるかのように、人災ともいえる福島第一原子力発電所の壊滅によって、無念な思いで永年住み慣れた故郷との離別を余儀なくされた方も大勢います。

「自信を失うなよ。前向きに立ち上がろう」――私の脳裏には、昭和二〇年三・一〇の戦災光景と、平成二三年三・一一の津波の光景が一本の線で結ばれてきました。

そこで、「今こそ、元気・勇気・夢のわく前向きな言葉を掘り起こさなければなりません」と、稲葉社長に相談しました。すると、即、共鳴してくださったのです。

稲葉社長と石原尚子編集室長が先頭に立ち、自ら編集に携わってくださいました。こうして、本作が誕生したのです。誌上をお借りして厚く御礼申し上げます。

二〇一一年初夏

漆原智良

編集後記

三月十一日、弊社主催の催しで、私たちは東京都北区防災センターで地震体験をしました。

「震度五からはじめます」

「次は、震度六」

「最後は阪神淡路大震災のときの震度七です。実際には一分四十八秒揺れましたが、一分間にして体験していただきます」と、防災センターの方から説明を受けながら、およそ一〇〇人が体験。

そのちょうど一時間後でした。防災体験の参加者は近くの篠原演芸場に移動し、芝居を楽しんでいました。

股旅姿の役者さんは、自分の台詞まわしに織り込んで、

「揺れてるな?」

「大きいぞ!」「まずい。逃げよう!」と、舞台の上から客席に向かって、大声で号令。

その慌てた様子とは対照的に、私たちはいたって落ち着いていたのです。係員の方の誘導に従って、出入り口と避難口から外へ。すると、演芸場の前の路地では、すでに一座の座長さんが赤ちゃんを抱いて行ったり来たり。さっき、舞台にいた役者さんたちも、相当慌てています。

後で聞いてみると、一座は九州の人たちで、地震に馴れていないどころか、生まれてはじめて経験した大きな揺れだったそうです。

私たちは、なぜ落ち着いていられたのでしょう。それは、まちがいなく一時間前に地震体験をしていたからです。「この揺れなら、さっきの震度五程度」と感じた人も多かったといいます。

その二か月後、偶然、漆原先生から「三・一〇」と「三・一一」のお話を伺いました。話を伺っていると、私の頭の中でも、東京大空襲の後の焼け野原と今回の被災地の様子の映像が重なって浮かび上がってきました。こういう場合には、かならずよい本ができる。私は、これまでの編集者としての経験から直感しました。

これが、この本が生まれるに至った経緯です。そして、わずか二か月での刊行は、漆原先生が一三九ページにお書きになっていらっしゃる「すばやく決断する」によりました。

漆原智良先生のご経験と、先生が選んだ珠玉の言葉が、読者のみなさんに少しでもお役に立つことを願って止みません。

稲葉茂勝

《著者紹介》

漆原　智良（うるしばら　ともよし）
1934年東京・浅草生まれ。ＮＨＫ懸賞ドラマ『近くて遠い島』で一等入選、ＮＨＫ放送記念祭賞受賞。代表作に『学校は小鳥のレストラン』（アリス館）、『ふるさとはヤギの島に』（あかね書房）＝共に全国中央コンクール感想画指定図書。『風になったヤギ』（旺文社）、『東京の赤い雪』（フレーベル館）＝共に舞台公演化。『偉人たちの少年少女時代・全３巻』（ゆまに書房）ほか多数あり。第45回児童文化功労賞受賞。㈳日本児童文芸家協会顧問。童話講座・教育講演会など全国各地奔走中。

編集／石原　尚子

デザイン／矢野　瑛子

表紙写真／読売新聞社　　裏表紙写真／ Tohan Koku Service ／アフロ

生きる力がわく珠玉の言葉
つらかんべぇ

二〇一一年八月一日　第一刷発行

著　者　漆原　智良
発行者　稲葉　茂勝
印刷・製本　凸版印刷株式会社

発行所　株式会社今人舎
〒一八六―〇〇〇一
東京都国立市北一―七―二三
電話　〇四二―五七五―八八八八
FAX　〇四二―五七五―八八八六

ISBN978-4-901088-96-1　NDC914
Published by Imajinsha Co., Ltd. Tokyo, Japan
今人舎ホームページ　http://www.imajinsha.co.jp
E-mail　nands@imajinsha.co.jp

©2011　Urushibara Tomoyoshi
価格はカバーに印刷してあります。本書の無断複写（コピー）は、著作権法上での例外を除き禁止されています。落丁本・乱丁本はお取り替え致します。